FACILITAR AVANCES CONJUNTOS

ADAM KAHANE

FACILITAR AVANCES CONJUNTOS

Cómo eliminar los obstáculos,
salvar las diferencias y **avanzar hacia el futuro**

Prólogo de Edgar H. Schein
Prólogo a la edición en español de Elena Diez Pinto

EMPRESA ACTIVA
Argentina – Chile – Colombia – España
Estados Unidos – México – Perú – Uruguay

Título original: *Facilitating Breakthrough*
Editor original: Berrer-Koehler Publishers, Inc.
Traductor: Fred Daniels

1.ª edición Abril 2022

ISBN: 978-84-16997-60-2
E-ISBN: 978-84-19029-54-6
Depósito legal: B-3.514-2022

Fotocomposición: Ediciones Urano, S.A.U.
Impreso por Romanyà Valls, S.A. – Verdaguer, 1 – 08786 Capellades (Barcelona)

Impreso en España – *Printed in Spain*

A mis profesores

ÍNDICE

Parte 2
La práctica de la facilitación transformadora

PRÓLOGO A LA EDICIÓN
EN ESPAÑOL

Esta nueva entrega de Adam Kahane no pudo venir en un momento más propicio. Desde hace dos décadas, de manera acelerada, en el mundo se han venido profundizado las divisiones económicas, sociales, ideológicas, ambientales y culturales. Con la pandemia de Covid 19, se han exacerbado las brechas de desigualdad, exclusión y pobreza existentes entre países y en el interior de las sociedades. La polarización resultante se sitúa como un factor común global y signo inequívoco de nuestros tiempos. Por eso hoy más que nunca se necesitan capacidades y habilidades para gestionar la creciente conflictividad asociada a la polarización social y política.

Indudablemente, en la historia de las sociedades siempre han existido desacuerdos pero la polarización actual es distinta al tornarse extrema, haciendo más difícil alcanzar acuerdos, dirimir diferencias, generar consensos, avanzar reformas. Bajo el paraguas de la polarización emergen posiciones irreconciliables que resultan en crisis políticas, violencia y/o parálisis de la sociedad. Más aún, la polarización construye y refuerza los estereotipos de todo tipo instalando lógicas de yo-nosotros versus los otros-ellos que son vistos no como adversarios sino como enemigos. Multiplica lógicas hostiles y lecturas negativas sobre las intenciones y las acciones de los demás. Fractura la confianza y limita la voluntad para diálogo.

Recientemente, en Estados Unidos la polarización se manifestó en los enfrentamientos entre votantes republicanos y demócratas, y visiblemente en el ataque al Capitolio en 2021. En Europa, en un aumento de los desacuerdos en torno a temas fundamentales como inmigración o la integración europea. En América Latina, en los estallidos sociales en Chile y Bolivia (2019) y previamente en las numerosas crisis políticas que desembocaron en la remoción de presidentes en Honduras (Zelaya, 2009), Paraguay (Lugo, 2012), Brasil (Rouseff, 2016), Perú (Kuczynski, 2018) y Bolivia (Morales, 2019). Además, en el acumulado de conflictos históricos no resueltos que permanecen latentes pero se reactivan de forma intermitente volviéndose cada vez mas violentos, como la minería en territorios indígenas.

En este libro, por medio de historias sobre su vasta experiencia en diversos países, contextos y temas, Kahane desarrolla el concepto y marco teórico general sobre la *facilitación transformadora*. Se trata de un poderoso enfoque creativo y estructurado que perfeccionó a lo largo de 30 años ayudando a diversidad de personas, grupos y organizaciones a colaborar para alcanzar propósitos comunes y superar situaciones conflictivas, a pesar de sus profundas diferencias.

En particular, el libro ofrece una guía no solo a los facilitadores profesionales sino a quienes ejerzan el rol de facilitar la colaboración y los cambios sociales de una manera innovadora y poco convencional (tales como líderes funcionarios, mediadores, consultores, amigos, entre otros).

La base fundamental del modelo Kahane se organiza alrededor del desafío de la facilitación para integrar tres poderosas fuerzas: la necesidad de los participantes de realizarse y alcanzar logros (la fuerza del poder), la necesidad de los participantes de colaborar y vivir juntos (la fuerza del amor) y la necesidad de hacer lo anterior de forma equitativa o democráticamente (la fuerza de la justicia).

Frente al enorme y complejo desafío que representa la polarización social y política global, la facilitación transformadora propuesta por Adam ofrece un camino claro que permite retejer la confianza, superar la intolerancia, la estigmatización y descalificación del otro, y propiciar las condiciones para que actores polarizados puedan colaborar juntos en la búsqueda del bien común.

El libro deja dos perspectivas fundamentales para comprender la amplitud y profundidad del trabajo que implica la facilitación transformadora. Primero, la *condición interna* del facilitador es esencial para que pueda apoyar la apertura, la conexión y la realización que el grupo requiere. En este sentido, para abrir debe estar abierto, para conectar debe conectarse, para apoyar la realización debe expresarse. Segundo, la facilitación transformadora es un arte y una experiencia profunda. La esencia del trabajo de la facilitación transformadora no es tanto hacer que los participantes trabajen juntos, sino trabajar con la intención de ayudarles a remover los obstáculos al poder (es decir a que cada participante se exprese y se realice), al amor (es decir, generando espacios para construir y reconstruir relaciones, y a la justicia (es decir, promoviendo la participación equitativa).

Este libro es una verdadera joya para quienes nos dedicamos al diálogo, la prevención de conflictos y la construcción de paz al ofrecer un modelo práctico, creativo y fluido para facilitar procesos transformadores en contextos complejos y de alta tensión.

ELENA DÍEZ PINTO
Especialista en diálogo, planificación, paz y desarrollo

PRÓLOGO DE EDGAR H. SCHEIN

La clave de este libro es la segunda palabra de su título: *avance*. Con poderosas historias de todo el mundo, Adam Kahane nos cuenta cómo él y sus colegas han trabajado con grupos, tanto dentro de las organizaciones como en sistemas sociales más amplios, que están atrapados en la complejidad y el conflicto. Este libro nos ofrece una visión profunda de cómo la facilitación transformadora ayuda a estos grupos a desatascarse y avanzar: a colaborar para avanzar hacia objetivos compartidos.

Al mismo tiempo, este libro hace una fuerte declaración sobre la naturaleza de esos objetivos compartidos: aprender a vivir juntos de manera que el amor, el poder y la justicia se potencien y apoyen mutuamente. Aprendemos lo difícil que puede ser esta facilitación. Aun cuando leemos sobre la variedad de estrategias y tácticas que utilizan los facilitadores, siempre se nos recuerda que no se trata de resolver problemas sencillos, sino de ayudar a abordar retos complejos.

Coaches, consultores, profesores, terapeutas y otros ayudantes profesionales han desarrollado muchas variantes de facilitación para la multitud de situaciones en las que los individuos o los grupos se atascan y necesitan ayuda. Lo que tienen en común las diferentes formas de facilitación es la necesidad de una tercera parte y un proceso para crear un contenedor, un contexto distendido y una isla cultural, dentro de la cual las terceras partes pueden utilizar sus propios comportamientos e intervenciones para ayudar a las otras partes a avanzar.

Existen también muchos tipos de teorías sobre cómo hacer esto, y muchos tipos de problemas de grupo con los que trabajan los diferentes facilitadores, por lo que es importante identificar lo que diferencia este enfoque de Kahane, y por qué esa diferencia es importante en el mundo complejo, conflictivo e interdependiente de hoy.

¿Qué hay de diferente en este libro?

En primer lugar, la vasta experiencia del autor como tercera parte en el trabajo con grupos seriamente atascados es única, tanto por sus logros como por su capacidad para contar la historia de manera que permita a otros entender y valorar la importancia de su enfoque particular de la facilitación.

En segundo lugar, el libro muestra que la facilitación no es solo una intervención inteligente que el consultor introduce en una reunión de grupo, sino que puede, y a menudo debe, ser un proceso de varios años en el que uno o varios consultores se asocian con las partes interesadas para generar confianza y apertura, y luego disponen lugares seguros para que las partes se reúnan, se conozcan y generen suficiente confianza como para poder avanzar juntas. Todo esto requiere innovación, experiencia y agilidad para identificar las barreras a la transformación y eliminarlas.

En tercer lugar, la facilitación que se describe aquí no solo se ocupa de grupos atascados en problemas de desarrollo de productos o de marketing, sino también de los que están inmersos en profundos conflictos políticos y económicos con raíces históricas y que, por tanto, han creado una fuerte resistencia a reunirse y a confiar unos en otros lo suficiente como para permitir que un tercero se involucre.

En cuarto lugar, la facilitación transformadora de Kahane es un magnífico ejemplo de la aplicación de dos aspectos de la filosofía de Kurt Lewin sobre el cambio social fundacional: trabajar en cuestiones sociales importantes en las que es esencial desatascar a los grupos, y hacerlo con un modelo de aprendizaje experiencial en el que el profesor (facilitador) y el alumno (cliente) combinan de forma creativa sus papeles según sea necesario para desatascarse. Este tipo de trabajo, a finales de la década de 1940, surgió inicialmente de los Laboratorios de Relaciones Humanas celebrados en Bethel, Maine, y en la Clínica Tavistock del Reino Unido, y se combinó con el importante trabajo de futuristas como Don Michael.[1]

Muchas de las intervenciones que se pusieron en marcha en esos laboratorios de una o dos semanas evolucionaron hasta convertirse en proyectos de varios años dentro de los organizaciones y comunidades. Todos ellos tenían en común lo que entonces se denominaba «investigación-acción», en la que la intervención se definía casi siempre como un proceso compartido entre el sistema cliente y los terceros intervinientes. Actualmente damos por sentado el aprendizaje experimental y hemos olvidado no solo lo novedoso que es este modelo, sino también lo mucho que lo necesitamos, sobre todo para resolver conflictos profundos. Este libro será un importante ejemplo de la aplicación de aspectos de la filosofía del aprendizaje experimental a nuestros problemas globales actuales, especialmente el problema de la competencia multinacional en torno a la cuestión de qué hacer con el peligro inminente del cambio climático para la supervivencia humana.

Las historias que cuenta Kahane nos ayudan a percatarnos de lo mucho que ha evolucionado la intervención de terceros. En el modelo de facilitación transformadora descrito en este libro, vemos elementos de lo que aprendimos en la investigación sobre dinámicas de grupo y en mi consulta de procesos: la organización de aprendizaje de Senge, el liderazgo adaptativo de Heifetz, el énfasis en los sistemas abiertos y el espíritu de indagación que inició el aprendizaje experimental en los primeros laboratorios, y que se está reafirmando de nuevo en el desarrollo de la organización dialógica de Bushe y Marshak, y más recientemente en la Teoría U de Scharmer.[2] Esta historia del campo nos invita a pensar en la facilitación transformadora como un conjunto de prácticas mucho más amplio y profundo, en lugar de un único método de facilitación predecible. Lo que hace que este libro sea tan poderoso es que Kahane reúne todo esto en un modelo conciso y bellamente presentado.

El modelo de Kahane nos hace avanzar de forma significativa de la mera descripción de las habilidades interactivas de un consultor en el trato con los clientes a una visión profunda de la facilitación como la creación y gestión de nuevos sistemas sociales e islas culturales que permiten a las partes en conflicto desentenderse de sus problemas, utilizando métodos tanto formales como informales, según sea necesario. Kahane nos proporciona conceptos clave que se basan en las polaridades tradicionales, pero también ofrece un modelo conceptual creativo y fluido que permite pensar en la intervención de una manera más dinámica. La mayoría de los que hemos sido consultores o coaches no podríamos ni siquiera empezar a imaginar cómo trabajar en algunas de las situaciones que describe Kahane, y mucho menos saber cómo crear los contenedores que permiten este trabajo en primer lugar.

Quizás lo más importante es que las historias de Kahane y el modelo conceptual en torno al cual las organiza nos llevan a enfrentarnos con los profundos problemas de valores y motivación que tan a menudo conducen a los conflictos: nuestro fracaso a la hora de integrar las poderosas fuerzas de (1) nuestra necesidad de tener éxito, cómo expresamos el motivo del poder; (2) nuestra necesidad de colaborar y vivir juntos, cómo expresamos el motivo del amor; y (3) nuestra necesidad de hacer esto de forma justa, para experimentar un sentimiento de justicia.

Animo al lector a que descubra en este libro lo que este valiente facilitador transformador ha hecho para unir el poder, el amor y la justicia en ejemplos del mundo real.

Edgar H. Schein

Profesor emérito de la Sloan School of Management del MIT,
y autor de *Preguntar con humildad*
Diciembre de 2020

PREFACIO

El avance conjunto es cada vez menos sencillo.

En muchos contextos, las personas se enfrentan a una complejidad creciente y a un control cada vez menor. Tienen que trabajar con más personas que están del otro lado de divisiones. Esto es así tanto en las organizaciones como en los sistemas sociales más amplios.

En tales situaciones, las formas más sencillas y comunes de avanzar —algunas personas les dicen a otras lo que tienen que hacer, o todo el mundo hace lo que quiere— no son adecuadas.

¿Cuál puede ser una mejor manera?

Una manera mejor es la que se da a través de la facilitación: ayudar a que un grupo colabore por encima de sus diferencias para crear un cambio. La palabra *facilitar* significa «hacer más sencillo algo», y la facilitación permite que un grupo trabaje de manera más sencilla y eficaz. Pero para diversos grupos que se enfrentan a una complejidad cada vez mayor y a un control cada vez menor, los enfoques más comunes de la facilitación —la dirección vertical desde arriba y el acompañamiento horizontal desde el lado— tampoco son adecuados. Estos enfoques comunes suelen dejar a los participantes frustrados y con anhelo de un avance.

Este libro describe un enfoque poco común para facilitar estos avances: la facilitación transformadora. Este enfoque se centra en la eliminación de los obstáculos que se interponen en el camino de las personas que colaboran y se conectan de manera equitativa. Más fundamentalmente, se centra en la eliminación de los obstáculos al amor, al poder y a la justicia. Permite que las personas aporten todo de sí mismas para marcar la diferencia. Se trata de una forma liberadora de progresar.

La facilitación transformadora no opta por el enfoque vertical mandón o el horizontal colegiado: va y viene entre ellos —no en línea recta— empleando cinco pares de movimientos exteriores y cinco desplazamientos interiores (resumidos en la tabla M.1, al final del libro). De este modo, se produce un tercer enfoque que ofrece mejores resultados que el vertical o el horizontal por separado. La facilitación transformadora es una forma estructurada y creativa de ayudar a grupos diversos a eliminar obstáculos, salvar diferencias y avanzar juntos. La facilitación transformadora permite avanzar.

Este libro está dirigido a cualquier persona que quiera facilitar el avance, ya sea como líder, gerente, consultor, coach, presidente, organizador, mediador, parte interesada o amigo. Un facilitador no es solo un profesional serio y enérgico en una sala de conferencias sin ventanas, o en una ventana en una videoconferencia. No es solo alguien que dirige ejercicios de formación o de planificación estratégica. No es solo un árbitro o un cronometrador. Es cualquier persona que ayude a otras a trabajar juntas para transformar su situación: cara a cara o en línea, como profesional o aficionado, en el papel de líder o de miembro de un equipo, en una organización o una comunidad, con una pequeña alianza o un gran movimiento, durante una reunión o a lo largo de un proceso prolongado. Un facilitador es cualquier persona que apoya a los grupos para que colaboren en la creación del cambio.

Este libro ofrece una visión amplia y audaz de la contribución que la facilitación puede hacer para ayudar a las personas a avanzar juntas.

Mi comprensión de la facilitación transformadora se basa en mi experiencia directa. He trabajado como facilitador profesional, en todas partes del mundo, durante más de treinta años. Soy cofundador de Reos Partners, una empresa social internacional que ayuda a las personas de las empresas, los gobiernos y la sociedad civil a colaborar para abordar sus problemas más importantes e intratables. He facilitado cientos de procesos con equipos de colegas que trabajan cada día para transformar la estrategia o las operaciones de su organización, y con grupos de personas de todas las organizaciones —incluso personas que no coinciden, no se agradan o no confían entre sí— que trabajan para transformar todo su sector o sociedad. Por lo tanto, he tenido muchas oportunidades de ensayo y error, y muchas oportunidades de aprendizaje.

Este libro muestra lo que he aprendido de estas experiencias. Kurt Lewin, investigador pionero de los procesos grupales, dijo: «No hay nada tan práctico como una buena teoría».[1] Este libro ofrece una nueva teoría y práctica generales de la facilitación.

INTRODUCCIÓN

«¡ESTÁS ELIMINANDO LOS OBSTÁCULOS A LA EXPRESIÓN DEL MISTERIO!»

La facilitación transformadora es un enfoque no convencional y poderoso para ayudar a las personas a colaborar para lograr una transformación. He estado facilitando durante décadas, pero fue en un taller en Colombia en noviembre de 2017 cuando comprendí lo distintivo e importante de este enfoque. Este libro fue concebido en ese taller.

UN TALLER INNOVADOR

En el soleado restaurante al aire libre de un pequeño hotel rural, un excomandante guerrillero y una rica mujer de negocios se saludan por su nombre. El organizador del taller les dice que le sorprende que se conozcan. La empresaria explica: «Nos conocimos cuando le llevé el dinero para el rescate de un hombre que había sido secuestrado por sus soldados». El guerrillero añade: «La razón por la que estamos en esta reunión es para que nadie tenga que volver a hacer cosas así».

La facilitación transformadora permite ese avance.

Ese taller reunió a un grupo diverso de líderes para hablar de lo que podrían hacer para contribuir a transformar su país. Diecisiete meses antes, en junio de 2016, el gobierno de Colombia y el movimiento de las FARC (Fuerzas Armadas Revolucionarias de Colombia) habían firmado un tratado para poner fin a su guerra de cincuenta y dos años, en la que miles de personas habían sido secuestradas, cientos de miles habían sido asesinadas y millones habían sido desplazadas. En octubre de 2016, el presidente Juan Manuel Santos fue galardonado con el Premio Nobel de la Paz en reconocimiento a este logro por el que tanto se había luchado. Santos nombró a Francisco de Roux, antiguo jefe de la orden de los jesuitas en Colombia y reconocido pacificador, como presidente de la Comisión para el Esclarecimiento de la Verdad, la Convivencia y la No Repetición, uno de los organismos creados para aplicar el tratado. Después de décadas de estar enfrentados, los colombianos estaban intentando, en medio de mucha agitación y temor, abrirse paso y trabajar juntos para construir un futuro mejor. Nuestro taller formaba parte de este esfuerzo.

En enero de 2017, en el conflictivo suroeste del país, dos líderes preocupados por el bienestar de la comunidad, Manuel José Carvajal (un empresario con conexiones con la élite) y Manuel Ramiro Muñoz (un profesor con conexiones con la base), decidieron organizar un proyecto para contribuir a la reconstrucción de la sociedad y la economía de esa región. Su idea era reunir a líderes que representaran a todos los actores que tuvieran interés en el futuro de la región y, por tanto, en mejorarla.

Carvajal y yo habíamos trabajado juntos veinte años antes, por lo que conocía mi trabajo, y ahora él y Muñoz contrataron a Reos Partners para que los apoyara en la facilitación de este nuevo proyecto. Los ayudamos a identificar e inscribir a cuarenta personas influyentes de distintos sectores —políticos de diferentes partidos, antiguos comandantes de la guerrilla, empresarios, gestores de organizaciones sin ánimo de lucro, activistas comunitarios— que, en caso de poder colaborar, marcarían una verdadera diferencia en la región. También los ayudamos a poner en marcha un programa de trabajo de un año de duración para este grupo, para debatir primero lo que podría ocurrir en el futuro —un conjunto de posibles escenarios— y, luego, lo que el grupo haría para crear un futuro mejor —un conjunto de iniciativas. (En los años siguientes, este grupo aumentó su número de miembros y su impacto en la región.)

En noviembre de 2017, el primer taller de este grupo tuvo lugar durante tres días en el hotel rural. Me encantó que se presentara Francisco de Roux; ya lo había conocido antes y me pareció animado e interesante. Le pregunté por qué había dejado de lado sus importantes responsabilidades nacionales para participar en este evento local, y me dijo que quería saber cómo hacíamos posible la colaboración a través de la diversidad.

La mañana del primer día del taller, los participantes estaban tensos. Tenían grandes diferencias políticas, ideológicas, económicas y culturales, y grandes desacuerdos sobre lo que había ocurrido en la región y lo que debía ocurrir. Algunos eran enemigos. Muchos de ellos tenían fuertes prejuicios. La mayoría se sintió en peligro al estar allí; un político insistió en que no se hicieran fotos porque no quería que se supiera que se estaba sentando con sus rivales. Pero igualmente todos se presentaron, porque esperaban que el esfuerzo pudiera contribuir a crear un futuro mejor.

Nuestro equipo de facilitación había organizado el programa del primer día como una serie estructurada de ejercicios para que los participantes se conocieran y comprendieran las perspectivas de los demás sobre lo que estaba ocurriendo y lo que podían hacer al respecto. En la primera actividad, se sentaron en círculo y cada uno se tomó un minuto, cronometrado con una alarma, para presentarse. Las actividades que siguieron fueron precisas y variadas. Algunas se llevaron a cabo con todos juntos en plenario y otras en diferentes grupos de dos, cuatro o seis personas. Los participantes compartieron y sintetizaron sus pensamientos utilizando notas adhesivas, papel de rotafolio o ladrillos de juguete. Se reunieron en la sala, en el restaurante o en los paseos por el recinto del hotel. Nuestro equipo de facilitación respaldó estas actividades con atención: organizando el espacio del taller, explicando los ejercicios, ayudando a que todos participaran.

Al final de esta primera y larga jornada, los participantes empezaron a relajarse y a tener la esperanza de poder hacer algo que valiera la pena juntos. Uno de ellos dijo que se había asombrado «al ver al león acostarse con el cordero». Luego, cuando todos nos levantamos para ir a cenar, de Roux se acercó a mí, rebosante de emoción. «¡Ahora veo lo que estás haciendo!», dijo. «¡Estás eliminando los obstáculos a la expresión del misterio!»

Sabía que De Roux me estaba diciendo algo que era importante para él —en la teología católica, «el misterio» se refiere al misterio incomprensible e incognoscible de Dios—, pero yo no entendía qué pensaba que significaba esto respecto de lo que habíamos estado haciendo en el taller. Durante la cena hablamos durante mucho tiempo y él trató pacientemente de darme una explicación secular: «Todo es una manifestación del misterio. Pero no se puede predecir, ni provocar, ni programar: simplemente emerge. Nuestro principal problema es que obstruimos este surgimiento, especialmente cuando nuestros miedos nos hacen amurallarnos».

Esta conversación me pareció fascinante pero desconcertante. Le dije: «No soy consciente de estar haciendo lo que usted dice que hago». Se encogió de hombros y dijo: «Quizá sea lo mejor».

Los comentarios crípticos de De Roux me intrigaron. Comprendí que el misterio es intrínsecamente —valga la redundancia— misterioso, no en el sentido de un misterio que se resuelve al final de una novela de Agatha Christie, sino en el sentido de algo que es importante pero que no se puede ver ni comprender. Tal vez, pensé, se trata de una especie de fuerza que se siente pero que es invisible, como la gravedad, que, si pudiéramos eliminar los obstáculos, nos arrastraría hacia adelante, como un arroyo de montaña que, si pudiéramos eliminar las rocas que han caído y bloquean y dispersan el agua, correría libremente cuesta abajo en un flujo fuerte y coherente.

LA PRÁCTICA DE ELIMINAR LOS OBSTÁCULOS

La observación de De Roux me permitió ver bajo una nueva luz mi trabajo de siempre como facilitador. La mayoría de los facilitadores, incluido yo hasta ese momento, hablan de su trabajo en términos de conseguir que los participantes hagan cosas. Pero ahora me daba cuenta de que, en realidad, la mayoría de las personas con las que trabajo quieren o creen que tienen que colaborar, a pesar de sus diferencias o a causa de ellas. Y cuando lo consiguen, están encantadas. Por lo tanto, la esencia de lo que ahora llamo facilitación transformadora no es conseguir que los participantes trabajen juntos, sino ayudarlos a eliminar los obstáculos que les impiden hacerlo. No se puede empujar un arroyo para que fluya, pero, si se eliminan los obstáculos, fluirá por sí mismo. Darme cuenta de esto transformó mi modo de comprender la facilitación.

Lo que me pareció especialmente intrigante en la observación de De Roux no fue su referencia esotérica al misterio, sino su enfoque pragmático en la eliminación de los obstáculos para su expresión. Después de la cena, volví a mi habitación e hice una lista de todas las acciones que nuestro equipo de facilitación había llevado a cabo durante los meses previos a este primer taller (nuestro trabajo de facilitación había comenzado tan pronto como iniciamos el proyecto y comprometimos a los participantes diez meses antes) y durante ese primer día, que ahora podía interpretar como destinadas a eliminar los obstáculos para que estos líderes colaboraran en la transformación de la región.

El enfoque que adoptamos en Colombia destrabó los tres ingredientes esenciales para avanzar juntos: contribución, conexión y equidad.

Eliminar los obstáculos a la contribución

Nuestro equipo de facilitación ayudó a eliminar los obstáculos a la *contribución* mediante la creación de oportunidades para que los participantes aportaran sus diversas ideas, habilidades y recursos a su tarea colectiva. Uno de los objetivos más amplios del proyecto, más allá de los talleres, era que los participantes se apoyaran mutuamente para actuar con mayor eficacia en sus respectivas esferas de influencia, con el fin de crear un futuro mejor.

Todas las colaboraciones requieren una contribución. La razón por la que la gente colabora es la de aprovechar las diversas contribuciones de los distintos participantes para lograr un objetivo común. La mayoría de la gente quiere contribuir, pero a menudo hay problemas institucionales, políticos y económicos, estructuras culturales, psicológicas o físicas que les impiden hacerlo. Las consecuencias de estos obstáculos son el desempoderamiento y la inmovilización de la creatividad, la energía y el crecimiento. La facilitación transformadora se centra en la creación de un cambio en

estos ámbitos —dentro del espacio de trabajo del grupo, y posible-
mente también más allá del grupo— que desmantela tales estructuras, empodera a los participantes y, por lo tanto, hace posibles sus
contribuciones.

Eliminar los obstáculos a la conexión

En Colombia eliminamos los obstáculos a la *conexión* creando
oportunidades dentro del proyecto para que los participantes se
conocieran como personas y trabajaran juntos como compañeros. Esto ayudó a que todos vieran más en su conjunto el sistema
regional con el que estaban trabajando, incluyendo cómo se
ejemplificaba en las acciones internas del propio grupo. Uno de
los objetivos más amplios del proyecto era eliminar los obstáculos a la conexión entre las personas de toda la región para repa-
rar el desgarrado tejido social.

Toda colaboración requiere conexión. Para poder aprovechar la diversidad se requieren inclusión y pertenencia. Las contribuciones de las personas no pueden ser eficaces si no están
conectadas entre sí, con la situación que intentan abordar y con
su propio pensamiento, sentimiento y voluntad. La mayoría de
las personas quieren conectarse, pero hay estructuras que las
separan o excluyen. Las consecuencias de estos obstáculos son
el distanciamiento y el debilitamiento de la comunicación, los
vínculos y las relaciones. La facilitación transformadora se centra en la eliminación de estas estructuras y, por lo tanto, permite
la conexión.

Eliminar los obstáculos a la equidad

Por último, en Colombia eliminamos los obstáculos a *la equidad* mediante la creación de una cultura igualitaria y respetuosa

dentro del proyecto: sentarse en círculo sin que nadie tenga una posición superior; dar a todos la misma oportunidad de contribuir en el plenario, en las sesiones en pequeños grupos dentro de los talleres y en las actividades entre talleres, y hacer que la toma de decisiones sobre el proyecto sea transparente y democrática. Uno de los objetivos más amplios del proyecto era crear una contribución y una conexión más equitativas en la región. En este sentido, el proyecto proporcionó un ejemplo visible e influyente de una forma radicalmente no convencional de estar y trabajar juntos. Mientras que en inglés se utiliza la palabra *coexistence* para referirnos a esta situación pacífica, en español se dice *convivencia*, que tiene una connotación más dinámica de vivir juntos, como una pareja, con todas las posibilidades y tensiones que conlleva.

Toda colaboración requiere equidad. La contribución y la conexión se verán limitadas si no son equitativas. Muchas personas quieren que la contribución y la conexión sean inclusivas y justas, pero hay estructuras que dan a ciertas personas más libertad, privilegios y poder que a otras. Como consecuencia, algunas personas tienen menos oportunidades de contribuir y conectarse que otras, y esto impide la colaboración. La facilitación transformadora se centra en desmantelar estas estructuras y permitir así la equidad.

UNA TEORÍA Y PRÁCTICA GENERAL DE LA FACILITACIÓN TRANSFORMADORA

La facilitación transformadora es un enfoque poderoso cuando hay que ayudar a las personas a colaborar para crear el cambio. He contado la historia de la facilitación del proceso extraordinario de Colombia porque ilustra este enfoque de manera nítida.

También la he contado porque aquí es donde empecé a entender la esencia de la facilitación transformadora: eliminar los obstáculos a la contribución, a la conexión y a la equidad.

En Colombia, mis colegas y yo utilizamos este enfoque para ayudar a un grupo de líderes de toda la región a trabajar juntos con el objetivo de abordar los desafíos de esa región. Pero la facilitación transformadora es poderosa en muchos otros entornos. En Reos hemos utilizado este enfoque para ayudar a todo tipo de grupos a trabajar juntos en desafíos en todo el mundo: gerentes de empresas minoristas en México que planean entrar en nuevos mercados, administradores universitarios en Estados Unidos que rediseñan su sistema de ayuda financiera de emergencia, líderes de las Naciones Originarias en Canadá que encuentran nuevas estrategias para mejorar la salud de la población, miembros de la comunidad en los Países Bajos que implementan sistemas de energía de baja emisión de carbono, empresarios en Tailandia que crean sistemas para reducir la corrupción, y empresas alimentarias, agricultores y organizaciones no gubernamentales en todo el mundo que crean cadenas de suministro de alimentos más sustentables.

La facilitación transformadora es un enfoque que puede aplicarse ampliamente para ayudar a las personas a colaborar para crear el cambio.

DÓNDE UTILIZAR LA FACILITACIÓN TRANSFORMADORA

La facilitación transformadora puede ayudar a las personas a colaborar en muchos contextos:

- Cuando proceden de diversos entornos y puestos en distintas organizaciones, por lo que aportan diferentes perspectivas, intereses, preocupaciones y aspiraciones sobre la situación a la que se enfrentan.

- En grupos pequeños o grandes, equipos, departamentos, comités y grupos de trabajo.

- En todo tipo de organizaciones, incluidas las empresas, los organismos gubernamentales, las instituciones educativas y sanitarias, las fundaciones, las organizaciones sin ánimo de lucro y las asociaciones vecinales y comunitarias, así como en las alianzas entre organizaciones con muchos intereses.

- Para enfrentar todo tipo de retos, tanto los organizativos, de gestión y culturales internos como los empresariales, económicos, políticos, sociales y medioambientales externos.

- A todas las escalas: local, regional, nacional e internacional.

QUÉ ES Y QUÉ NO ES LA FACILITACIÓN TRANSFORMADORA

La facilitación transformadora es un enfoque poco convencional para ayudar a un grupo a colaborar. Implica trabajar sobre el propósito y los objetivos de la colaboración, quién participará en qué funciones, qué proceso utilizarán y qué recursos necesitarán, y revisar y repasar todos estos elementos a medida que se desarrolla el trabajo.

La facilitación transformadora NO es:

- La actividad de situarse al frente de una sala de conferencias o en la ventana central de una videoconferencia. Incluye todas las actividades que se realizan para ayudar a las personas a avanzar juntas, antes, durante y entre las reuniones.

- Un proceso que tiene una duración determinada. Puede durar unas horas o unos años.
- Una receta. Es una forma de trabajar con grupos y de descubrir, paso a paso, lo que hay que hacer.
- Una metodología específica. Es un enfoque que puede utilizarse con cualquier metodología de cambio colaborativo.
- Una forma de impulsar a un grupo para que avance. Es una forma de eliminar los obstáculos para que avancen por sí mismos.
- Un enfoque que yo inventé. Es un enfoque que muchos facilitadores excelentes utilizan, en parte y de manera implícita, y que en este libro trazo de forma completa y explícita.

QUIÉN PUEDE FACILITAR LA FACILITACIÓN TRANSFORMADORA

Para insistir en lo básico: la facilitación transformadora es facilitada por un facilitador. El papel de un facilitador —o, más habitualmente, de un equipo de varios facilitadores que se dividen diferentes partes de este papel entre ellos— es elaborar estrategias, organizar, diseñar, dirigir, coordinar, documentar, entrenar y apoyar de cualquier otra forma el trabajo del grupo de personas con el que colaboran.

En general, un facilitador apoya al grupo centrándose en y responsabilizándose del *proceso* que el grupo está utilizando, de modo que el propio grupo pueda centrarse en y responsabilizarse del *contenido* del trabajo. El punto clave es que el grupo decide lo que quiere hacer y el facilitador lo apoya para que lo haga. Pero esta división de responsabilidades no siempre es clara: a menudo el grupo necesita intervenir sobre el proceso, y a veces el facilitador está involucrado y, por tanto, tiene una perspectiva relevante sobre el contenido.

El papel de facilitador lo puede desempeñar cualquier persona que esté dispuesta y sea capaz de ayudar a las personas a colaborar para crear el cambio, de vez en cuando o de forma continuada. Un facilitador puede ser:

- Un profesional o un aficionado.
- Alguien a quien se le da este papel o que lo asume.
- Un líder, gerente, miembro del personal, voluntario, organizador, presidente, consultor, entrenador, mediador o amigo.
- Alguien que tiene un interés en el trabajo en cuestión o que es imparcial.
- Un miembro del grupo que colabora o alguien externo.

CÓMO UTILIZAR ESTE LIBRO

La facilitación transformadora es un enfoque particular para ayudar a la gente a colaborar. He escrito este libro para orientar a todos los que participan en estos esfuerzos: los facilitadores, los colaboradores que facilitan, las personas que inician o patrocinan estas colaboraciones, y los estudiantes y profesores de facilitación. Todos los que participan en una colaboración se beneficiarán de la comprensión de la teoría y la práctica de la facilitación transformadora.

Este libro se basa en mis obras anteriores y las supera. En *Solving Tough Problems* [Resolver problemas difíciles] y *Collaborating with the Enemy* [Colaborando con el enemigo] se explicaba cómo diversos grupos, incluso los que no están de acuerdo, no se gustan o no confían unos en otros, pueden trabajar juntos para hacer frente a sus retos más importantes. Este nuevo libro explica lo que deben hacer los facilitadores para apoyar a esos grupos: se centra en el trabajo de los facilitadores más que en el de los grupos.

Transformative Scenario Planning [La planificación transformadora de escenarios] explicaba una metodología para colaborar en la configuración del futuro. Este libro explica un enfoque fundacional poco convencional y potente que los facilitadores pueden emplear para ayudar a los grupos que utilizan cualquier metodología de colaboración, incluyendo no solo la planificación transformadora de escenarios, sino también, por ejemplo, la indagación apreciativa, la estrategia emergente, la Búsqueda del Futuro, la Tecnología del Espacio Abierto, los laboratorios sociales y la Teoría U.[1]

Power and Love [Poder y amor] explicaba que las personas que quieren cambiar necesitan emplear no solo el poder, el impulso de autorrealización, sino también el amor, el impulso de reunificación. Este libro completa una pieza perdida de este rompecabezas: explica la necesidad de emplear también la justicia, la estructura que habilita el poder y el amor. El poder, el amor y la justicia son los impulsos fundamentales que se manifiestan como contribución, conexión y equidad; la facilitación que no emplea los tres impulsos no puede habilitar la transformación. Este es el hilo conductor que recorre todo el libro, desde su introducción en la historia de Colombia hasta su elaboración completa en la conclusión. Este libro no proporciona agendas específicas, ejercicios o listas de control; muchos textos excelentes ya lo hacen.[2] En lugar de eso, explica, a través de historias concretas y de los principios generales que se derivan de ellas, los cinco elementos del enfoque transformador de la facilitación, además de los cinco pares de movimientos externos y los cinco cambios internos que deben realizar los facilitadores para poder aplicar este enfoque. Las historias que cuento son mis propias experiencias de facilitación y las lecciones que he aprendido de ellas. Ya he escrito sobre algunas de estas experiencias en mis libros sobre otros temas; sin embargo, mi objetivo aquí no es contar nuevas historias, sino obtener nuevas lecciones.

Las historias de este libro no se presentan en orden cronológico porque los retos de la facilitación transformadora no surgen de forma lineal: surgen repetidamente y deben responderse de forma iterativa. Muchas de las historias (como la de Colombia) se basan en experiencias que tuve mientras facilitaba un grupo por primera vez, porque todos estos retos surgen en todas las colaboraciones desde el principio y suelen ser más claros cuando aparecen por primera vez. Mi propio aprendizaje tampoco ha sido lineal; estos retos no son sencillos de trabajar, y he tenido que aprender las mismas lecciones varias veces.

La parte 1 de este libro explica por qué la facilitación transformadora es necesaria y poderosa. La segunda parte nos muestra cómo poner en práctica este enfoque. La conclusión explica la contribución más amplia que la facilitación transformadora puede hacer para crear un mundo mejor.

PARTE 1

LA TEORÍA DE LA FACILITACIÓN TRANSFORMADORA

La facilitación transformadora es una forma poderosa de ayudar a un grupo de personas a colaborar para transformar la situación a la que se enfrentan. Por ejemplo, un equipo de toda la empresa lanza un producto que cambia las reglas del juego. Un comité de administradores, profesores, padres y alumnos de un centro escolar impulsa políticas para aumentar la equidad racial. Un grupo de trabajo de una organización sin ánimo de lucro de alcance mundial revisa las normas de funcionamiento de la organización en respuesta a una serie de errores de gestión. Una alianza de organizaciones sanitarias reorienta sus servicios para mejorar la salud de la población en su región. Un grupo de políticos, empresarios y líderes comunitarios trabajan juntos para revitalizar su economía local.

Mis colegas y yo hemos empleado la facilitación transformadora en todos estos entornos y en otros. Hemos aprendido que la facilitación transformadora es un enfoque poderoso, no convencional ni sencillo, pero más eficaz para ayudar a grupos diversos a progresar que otros enfoques.

La facilitación transformadora puede utilizarse en cualquier grupo de cualquier tipo de organización, o en varias organizaciones.

Puede utilizarse para avanzar en cualquier tipo de desafío interno o externo al que se enfrente el grupo. Puede ser utilizada por grupos que trabajan juntos de manera presencial, en línea o de forma asincrónica. Y puede ser utilizada por cualquier persona que quiera ayudar al grupo a hacerlo, ya sea desde dentro o desde fuera del grupo.

La facilitación transformadora es una forma de ayudar a las personas a crear el cambio mediante la colaboración con otras personas, en lugar de forzar que las cosas sean como solo algunos quieren que sean. Es una forma poco convencional porque incorpora y va más allá de las dos formas convencionales, que son opuestas y están en tensión: la vertical mandona, que dirige desde arriba para ayudar al grupo en su conjunto a lograr sus objetivos, y la horizontal colegiada, que acompaña lado a lado para ayudar a cada miembro del grupo a lograr sus propios objetivos. También es poco convencional porque se centra no en empujar al grupo para que avance, sino en eliminar estratégica y sistemáticamente los obstáculos que lo impiden.

La facilitación transformadora es transformadora en el sentido de que permite al grupo romper con las limitaciones de las formas convencionales de trabajo y, por tanto, transformarse a sí mismo y a la situación a la que se enfrentan.

Los cinco capítulos siguientes explican cómo funciona la facilitación transformadora.

1

LA FACILITACIÓN AYUDA A LA GENTE A COLABORAR PARA CREAR EL CAMBIO

La facilitación es una forma de ayudar a las personas a avanzar juntas que aprovecha la contribución, la conexión y la equidad. Hay, por supuesto, otras formas de ayudar a las personas a avanzar juntas. Van desde la esperanza ferviente hasta el forzamiento vigoroso, pasando por muchas formas intermedias: animar, inspirar, recompensar, engatusar, manipular, imponer. Estas otras formas son a veces eficaces.

Sin embargo, la facilitación es necesaria cuando se cumplen dos condiciones.

LA NECESIDAD DE LA FACILITACIÓN

La facilitación es necesaria cuando las personas quieren crear un cambio y quieren colaborar para hacerlo. Cuando se cumplen estas dos condiciones, estas personas tienen energía para trabajar juntas, y el facilitador no necesita proporcionar la energía para que avancen. El facilitador solo tiene que apoyarlos para que utilicen su propia energía para avanzar.

La gente quiere crear el cambio

La primera condición es que las personas quieran crear un cambio en su equipo, en su organización o en el mundo más allá de su organización. Esto significa que la situación en la que se encuentran no es la que desean; creen que algo va mal o que podría ir mejor. Si no se cumple esta condición —si la gente piensa que las cosas están bien tal y como están—, entonces pueden seguir haciendo lo que están haciendo, y la facilitación no es necesaria ni eficaz. En una ocasión facilité un grupo de líderes cívicos en Canadá que estaban preocupados por las divisiones políticas nacionales, pero cuando lo que estaban comprendiendo implicaba que tenían que hacer algunos cambios difíciles, las personas para las que el *statu quo* funcionaba lo suficientemente bien perdieron energía para el proyecto. Un proceso de cambio facilitado no irá muy lejos si los participantes no quieren que su situación cambie.

A veces, la forma en que la gente ve su situación es que simplemente tienen un problema, tal vez fácil o tal vez difícil, que necesitan resolver. Un ejemplo podría ser un proyecto que va con retraso y necesita acelerarse. Otras veces se ven a sí mismos como si enfrentaran una situación problemática: una situación que diferentes personas ven como problemática desde diferentes perspectivas y por diferentes razones, con la que pueden trabajar, pero que no pueden resolver limpiamente de una vez por todas. Un ejemplo podría ser la alta tasa de mortalidad por opioides. En cualquier caso, esta primera condición se cumple si las personas se enfrentan a un reto que quieren abordar.

La gente quiere colaborar

La segunda condición es que la gente quiera colaborar para abordar este reto. Esto significa que no creen que puedan abordarlo (o prefieren no hacerlo) por su cuenta o forzando a otros a que lo hagan. Si no se cumple esta condición —si la gente prefiere actuar unilateralmente—, la facilitación no es necesaria ni eficaz. He participado en la organización de varias colaboraciones que no se pusieron en marcha debido a que muchas de las personas involucradas en la situación pensaron que podrían tener más éxito en la creación del cambio que querían actuando por su cuenta o solo con sus colegas inmediatos, ya sea porque eran poderosos o porque valoraban su autonomía. Un proceso de cambio facilitado no se iniciará o no llegará lejos si los participantes necesarios no están dispuestos a trabajar juntos.

A veces colaborar es fácil y divertido, cuando las personas involucradas ven las cosas de la misma manera y se agradan y confían unas en otras. Este puede ser el caso de un equipo de colegas cercanos. Pero a menudo las personas que necesitan colaborar para poder afrontar un determinado reto tienen posiciones, perspectivas y fuentes de poder diferentes (estas diferencias son una de las razones por las que muchas situaciones son problemáticas en lugar de simples problemas), y a veces estas otras incluyen a personas con las que no están de acuerdo o en las que no confían. Un ejemplo podría ser una alianza de rivales empresariales o políticos. Sin embargo, en cualquiera de los casos, esta segunda condición se cumple si las personas creen que necesitan trabajar junto con otros.

FACILITACIÓN EN LAS ORGANIZACIONES

La facilitación suele ser necesaria en las organizaciones porque a menudo se dan en ellas estas dos condiciones: las personas de la organización quieren crear un cambio y quieren colaborar con sus colegas para conseguirlo. Esto es cierto en organizaciones de todo tipo: pequeñas y grandes empresas, instituciones educativas y sanitarias, agencias gubernamentales e intergubernamentales, fundaciones, organizaciones sin ánimo de lucro, asociaciones comunitarias y otras. Por ello, las personas de estas organizaciones suelen necesitar facilitación y facilitadores.

Empecé a ser facilitador cuando trabajaba en el departamento de planificación global de Shell, la multinacional energética. Shell tenía negocios de petróleo, gas, carbón, productos químicos y metales en más de cien países. En toda la empresa, los equipos de gestión se enfrentaban a situaciones problemáticas de todo tipo, relacionadas con las condiciones del mercado, las relaciones con los gobiernos y las comunidades, desarrollo de recursos humanos, y otros retos cotidianos y excepcionales. La cultura de la empresa fomentaba la participación y el debate, por lo que estos equipos solían celebrar reuniones, talleres y retiros facilitados para resolver estos retos. Por lo general, los facilitadores de estos ejercicios procedían del mismo departamento, a veces de otra parte de la empresa (como el departamento de planificación global), y ocasionalmente de universidades o empresas de consultoría.

Una organización existe para reunir a las personas con el fin de afrontar los retos que surgen al cumplir una misión concreta. En muchas organizaciones, la forma por defecto de abordar esos retos es *forzar:* los jefes deciden lo que tiene que pasar y hacen que pase, estén o no de acuerdo sus subordinados. A menudo, la gente opta por *adaptarse:* seguir adelante con las cosas con las que no están de acuerdo porque no creen que puedan cambiarlas.

Otras veces los empleados optan por *salir*: dejar su trabajo porque no les gusta lo que está pasando, no cree que puedan cambiarlo y no están dispuestas a vivir con ello. Pero, además de estas tres opciones unilaterales, la gente suele elegir también la opción multilateral: *colaborar* dentro y entre los equipos y departamentos de la organización para hacer las cosas de forma cooperativa y creativa. La facilitación es necesaria cuando la gente quiere colaborar para crear el cambio.

La facilitación puede adoptar muchas formas. La gente puede colaborar en una reunión de una hora o en un taller de varios días, presencialmente o por videoconferencia, todos juntos o con diferentes individuos o grupos que realizan diferentes actividades en diferentes momentos y en diferentes lugares. Sea cual sea la forma, el papel del facilitador es ayudar al grupo a conectarse y contribuir de manera más equitativa, para crear el cambio de forma más eficaz.

En Reos, mis colegas y yo facilitamos en muchos tipos de organizaciones, siempre en colaboración con los directivos y el personal de cada organización. Ayudamos a los directivos de una empresa química a cambiar su estrategia para hacer frente a la nueva normativa gubernamental. Ayudamos al personal de un sistema hospitalario a reducir la sobrepoblación. Ayudamos a los dirigentes de una fundación a replantear sus actividades mundiales a la luz de los cambios geopolíticos. En todos estos casos, la facilitación fue necesaria porque un grupo diverso se enfrentaba a una situación problemática y quería colaborar para cambiarla.

FACILITACIÓN MÁS ALLÁ DE LAS ORGANIZACIONES

La facilitación también suele ser necesaria más allá de las organizaciones: en sectores, comunidades y sociedades más amplias, que incluyen múltiples organizaciones de múltiples tipos.

Mi primera experiencia de facilitación en estos contextos se dio cuando aún era empleado de Shell y me invitaron a facilitar un equipo de políticos, empresarios, sindicalistas, activistas comunitarios y académicos en Sudáfrica, que querían utilizar la metodología de planificación de escenarios de Shell para pensar en la transición del apartheid a la democracia. Este fue el caso de Mont Fleur que comento en el capítulo 6. Los sudafricanos tienen una rica historia en el empleo de diferentes tipos de facilitación, en contextos que van desde las tradicionales *lekgotlas* (palabra sesotho que designa a las asambleas de las aldeas) hasta los movimientos políticos de masas, las negociaciones sindicales de alto riesgo y las *bosberaads* (palabra afrikáans que designa a las reuniones celebradas en el monte o en una granja de caza). Aprendí de los sudafricanos mucho de lo que sé sobre facilitación.

Facilitar más allá de las organizaciones es menos sencillo que dentro de ellas, porque los participantes en sistemas sociales más grandes son más diversos y ven sus situaciones como problemáticas de formas muy diferentes. Tales situaciones incluyen, por definición, múltiples centros de poder, por lo que es necesario que participen más personas para poder efectuar el cambio, y los participantes a menudo no se sienten seguros de estar dispuestos a colaborar o ser capaces de hacerlo. En estos contextos interorganizativos, los facilitadores tienen que trabajar más para organizar las estructuras de colaboración que dentro de una sola organización. Al mismo tiempo, como las colaboraciones interorganizativas ayudan a trabajar juntas a personas que rara vez o nunca han tenido la oportunidad de hacerlo, el potencial de avance es también mayor.

En el proyecto interinstitucional que facilitamos en Colombia, los organizadores del proyecto querían lograr un cambio en la región y pensaron que para ello necesitarían la participación activa de líderes de todo el sistema social, político, económico y cultural de la región. Por eso involucraron a políticos, ex guerrilleros, empresarios, filántropos, investigadores, activistas, campesinos y líderes negros e indígenas. Los participantes ocupaban muchas posiciones diferentes en el sistema y, por lo tanto, juntos tenían más capacidad para entenderlo e influir en él que cualquiera de ellos por separado.

Todos los participantes consideraron que la situación en la región era problemática, pero desde perspectivas muy diferentes. A algunos les preocupaban sobre todo las dificultades para aplicar los acuerdos de paz, y a otros la seguridad de las comunidades, las infraestructuras, la corrupción, la propiedad de la tierra, los derechos de los indígenas o la pobreza. Por lo tanto, los participantes tardaron días en comprender cómo veían la situación los demás, y más tiempo en ponerse de acuerdo sobre lo que era más importante y lo que había que hacer.

Algunos de estos participantes habían tratado de hacer frente a lo que estaba ocurriendo en la región a través de la fuerza: utilizando su autoridad, su dinero o sus armas. Muchos otros habían pensado que no podían cambiar lo que estaba ocurriendo, así que habían intentado adaptarse para seguir con sus vidas lo mejor posible. Unos pocos habían intentado directamente salir o emigrar del país. Las personas que habían decidido venir al taller pensaban que las tres opciones unilaterales podrían ser inadecuadas, así que vinieron a probar esta cuarta opción, multilateral y colaborativa.

En Reos, mis colegas y yo hemos facilitado muchos grupos tan diversos como este en sistemas interorganizativos. Ayudamos a un grupo de empresarios, líderes sindicales y reguladores gubernamentales a poner en práctica formas de lograr que la industria de la confección sea más sostenible desde el punto de vista medioambiental y social. Ayudamos a un grupo internacional de empresarios a encontrar formas de hacer más accesibles los seguros. Ayudamos a un grupo de directores generales de organizaciones medioambientales a colaborar en la lucha contra el cambio climático. En todos estos casos, la facilitación era útil y necesaria porque las personas implicadas se enfrentaban a una situación problemática y querían colaborar para cambiarla.

Los grupos de personas, dentro y fuera de las organizaciones, suelen necesitar facilitación. Para poder avanzar juntos, una o varias personas, dentro o fuera de estas organizaciones, deben actuar como facilitadores. En el siguiente capítulo se explica cómo los facilitadores suelen desempeñar esta función.

2

LA FACILITACIÓN VERTICAL Y LA HORIZONTAL CONVENCIONALES LIMITAN LA COLABORACIÓN

El facilitador ayuda a un grupo, y la tensión empieza ahí mismo. La palabra *grupo* es un sustantivo con sentido tanto singular como plural, y la tarea del facilitador es ayudar tanto al grupo singular en su conjunto como a los miembros plurales del grupo. Esta es la tensión central que subyace a toda facilitación.

Algunos facilitadores abordan esta tensión centrándose principalmente en la primera parte de esta tarea: ayudar al grupo en su conjunto a abordar la situación problemática que ha motivado su colaboración. Otros facilitadores se centran principalmente en la segunda parte: ayudar a los diversos miembros individuales del grupo a abordar los diversos aspectos de la situación que consideran problemática.

Estos dos enfoques, el vertical y el horizontal, son los más comunes y convencionales de la facilitación. Ambos tienen sus defensores y sus metodologías. Ambos pueden ayudar a un grupo a colaborar para crear el cambio. Pero ambos también tienen límites y riesgos.

FACILITACIÓN VERTICAL

El enfoque más común de la facilitación es la facilitación vertical.

Definición

La facilitación vertical se centra en el conjunto singular de la colaboración: el equipo unido, la definición única del problema, la mejor solución, el plan óptimo y, en última instancia, el líder superior que puede decidir lo que hará el grupo. (Para un resumen de las características de la facilitación vertical y horizontal, véase el cuadro 2.1.)

Cuadro 2.1. Dos enfoques convencionales de la facilitación

	Facilitación vertical	Facilitación horizontal
Foco primario	El bien del conjunto singular del grupo	El bien de cada parte de (participantes en) el grupo
Estrategia para avanzar juntos	Empujar de arriba hacia abajo (obligar) Confiar en la experiencia y la autoridad	Empujar de abajo hacia arriba (afirmar) Confiar en que cada participante elegirá qué hacer
Principio organizativo	Jerarquía de lo que está arriba sobre lo que está abajo y de lo más grande sobre lo más pequeño	Igualdad
Ventajas	Coordinación y cohesión	Autonomía y variedad
Desventajas	Rigidez y dominación	Fragmentación y atascamiento

Da por sentado que la experiencia y la autoridad —de los participantes más conocedores o de mayor edad y del facilitador— son necesarias para avanzar en las situaciones problemáticas. Es vertical en el sentido de que se basa en esta jerarquía de lo más grande sobre lo más pequeño y de lo más alto sobre lo más bajo.

Estrategia

La estrategia de la facilitación vertical para ayudar a las personas a avanzar juntas consiste en impulsarlas a hacerlo desde arriba. Supone que una situación solo cambiará si los líderes la hacen cambiar.

He aquí dos ejemplos de facilitación vertical:

- Un ejercicio de planificación corporativa, en el que todas las unidades de la organización deben articular cómo, junto con otras unidades, contribuirán a la misión y a la línea de negocio de la organización.
- Un proceso de formación de políticas, a través del cual múltiples expertos y autoridades deben trabajar juntos para formular una única propuesta común.

Contexto

Todas mis experiencias profesionales formativas hicieron hincapié en lo vertical: la importancia de centrarse en el bien del conjunto singular y de emplear la experiencia y la autoridad para avanzar en la consecución de ese bien. Cuando estaba en la escuela de posgrado, mi investigación en política energética trataba sobre las acciones gubernamentales para producir soluciones económicas y medioambientales óptimas a los problemas energéticos. Mis primeros trabajos se desarrollaron en los departamentos de planificación corporativa de Pacific Gas & Electric y de Shell, donde coordiné los esfuerzos con el fin de crear estrategias y planes para toda la empresa. Y cuando empecé a trabajar como consultor independiente, la mayoría de mis clientes eran empresas jerárquicas y departamentos gubernamentales, donde facilité docenas de talleres destinados a alcanzar y aplicar acuerdos sobre cómo abordar los diversos retos a los que se enfrentaban estas organizaciones. Estaba acostumbrado a estar en posiciones privilegiadas de alto rango, por lo que entendía estos sistemas verticales y me sentía cómodo trabajando en ellos.

La facilitación vertical es el enfoque más común de la facilitación porque la verticalidad es el principio organizativo dominante de la mayoría de las organizaciones y de otros sistemas sociales. Se sabe que se está en un sistema vertical cuando se mira constantemente al jefe para saber qué hay que hacer (lo más alto por encima de lo más bajo), y cuando encajar y ser un buen jugador de equipo o miembro de la comunidad es de vital importancia (lo más grande por encima de lo más pequeño). Cuando se forma parte de un sistema de este tipo, a veces se tiene la sensación de estar retenido o encajonado, y se descubre que se están silenciando o comprometiendo cosas que son importantes para uno. De este modo, la verticalidad limita la contribución, la conexión y la equidad.

La facilitación vertical es el enfoque por defecto en la mayoría de las organizaciones de la mayoría de los sectores en la mayor parte del mundo. La mayoría de las personas en posiciones de autoridad dependen de la verticalidad y la adoptan por defecto porque creen que es la única forma viable de producir una acción colectiva hacia adelante (y, también, de proteger y promover sus propios intereses). Cuando participan en una colaboración para crear un cambio, emplean su autoridad para impulsar la contribución, la conexión y la equidad que requiere el trabajo, aunque no necesariamente más de lo imprescindible.

Facilitar

La mayoría de los facilitadores se inclinan por la facilitación vertical, especialmente los que se sienten inseguros o asustados. Se centran en metodologías que consiguen que los participantes realicen la tarea colectiva y se preocupan por cómo tratar a las «personas difíciles» que se resisten al grupo.

Estos facilitadores consideran que su principal trabajo consiste en presionar a todos para que contribuyan al éxito del esfuerzo colectivo. Instan al grupo a «confiar en el proceso», «centrarse en el bien del quipo» y «dejar sus propias agendas en la puerta». Pero cuando se hacen estas peticiones, el facilitador está ignorando el hecho de que cada participante tiene sus propios intereses, los relacionados con sus necesidades personales o las de su departamento u organización solo están parcialmente alineadas con las del grupo en su conjunto. Solo hay una o dos personas —el propio facilitador y quizás el jefe del grupo— para las que el éxito en el seguimiento del proceso y el cumplimiento de la tarea del grupo es idéntico a sus propios intereses. Por lo tanto, estas peticiones son poco sinceras y manipuladoras.

Resultados

Las ventajas de la facilitación vertical son la coordinación y la cohesión. La facilitación vertical permite alcanzar los acuerdos necesarios para que el grupo avance unido. Son ventajas muy valiosas.

Sin embargo, hacer demasiado hincapié en la facilitación vertical también produce inconvenientes: rigidez y dominación. Si se fomenta la coordinación y la cohesión sin dejar espacio para la autonomía y la variedad, los miembros dominantes del grupo obligan a los miembros subordinados a ponerse camisas de fuerza, de modo que se sienten incapaces de ser ellos mismos y de decir lo que piensan. Estas desventajas limitan la contribución, la conexión y la equidad.

En algunos contextos, la facilitación vertical puede ser suficiente, pero tiene límites.

FACILITACIÓN HORIZONTAL

El segundo enfoque más común de la facilitación es el opuesto a la facilitación vertical: la facilitación horizontal.

Definición

La facilitación horizontal se centra en las múltiples partes de la colaboración: las posiciones e intereses de cada uno de los miembros del grupo (que a menudo no se ven a sí mismos como un equipo), sus diferentes comprensiones de la situación problemática, las múltiples posibles soluciones y formas de avanzar y, en última instancia, sus decisiones separadas sobre lo que van a hacer.

Da por sentado que, para avanzar en las situaciones problemáticas, cada participante debe elegir por sí mismo lo que va a hacer, y que nadie puede ni debe manifestar una experiencia o autoridad superior.

Es horizontal porque rechaza la jerarquía por considerarla ilegítima e ineficaz. Hace hincapié en la igualdad.

Estrategia

La estrategia de la facilitación horizontal consiste en ayudar a las personas a avanzar juntas animándolas a empujar desde abajo hacia arriba. Se parte de la base de que una situación solo cambiará cuando las personas decidan levantarse y abogar por acciones que generen un cambio, y luego emprender esas acciones necesarias. Estos participantes deben impulsar la contribución, la conexión y la equidad. Por lo tanto, el facilitador se centra en promover los derechos, la seguridad y el bien de cada participante.

He aquí algunos ejemplos de facilitación horizontal:

- Una formación en equipo en la que la estrategia para crear un cambio colectivo se centra en el aprendizaje y el crecimiento de cada participante.
- Un diálogo comunitario, en el que se hace hincapié en que todos los miembros tienen el mismo derecho a aportar su opinión sobre el asunto en cuestión y a sacar sus propias conclusiones sobre lo que hay que hacer al respecto.
- Una red o alianza de múltiples partes interesadas, en la que cada miembro es autónomo y debe elegir lo que va a hacer, junto con los demás miembros y al margen de ellos.
- Una negociación en la que el principal criterio de éxito es que todas las partes estén satisfechas.

Contexto

Mi mayor área de trabajo en Reos ha sido la facilitación de procesos (como el de Colombia) que reúnen a líderes de diferentes partes de un sistema social para avanzar en una situación problemática en la que todos están interesados y preocupados. Estas colaboraciones suelen ser horizontales porque los participantes no forman parte de una única jerarquía organizativa y valoran y protegen su autonomía. He observado dinámicas similares en la facilitación de grupos de académicos y de activistas, donde los participantes valoran y protegen su libertad tanto en un caso como en otro. Estos esfuerzos horizontales pueden producir ideas e iniciativas interesantes por parte de los participantes individuales, pero a menudo dan lugar a una acción colectiva o un cambio sistémico limitados.

La facilitación horizontal es un enfoque habitual en las organizaciones y otros sistemas sociales en los que la horizontalidad es el principio organizativo dominante. Uno sabe que está en un sistema de este tipo cuando se lo anima y se espera que haga lo suyo y se cuide: cuando la autonomía y la libertad son valores fundamentales. Cuando se está en un sistema de este tipo, a veces se tiene la sensación de estar solo y separado de los demás, y resulta difícil trabajar en grupo para hacer las cosas o cambiar el modo en el que están. En este sentido, la horizontalidad limita la contribución, la conexión y la equidad.

Facilitar

Muchos facilitadores reconocen las desventajas opresivas de la facilitación vertical y, por lo tanto, caen por oposición en la facilitación horizontal. Consideran que su trabajo principal es nivelar el campo de juego para asegurarse de que todos tengan una oportunidad equitativa de contribuir a la colaboración y beneficiarse de ella. Esta equidad, sin embargo, requiere algo más que la disposición de las sillas del grupo en un círculo; requiere prestar atención no solo a las estructuras y las dinámicas dentro de la colaboración, sino también a las de fuera.

Resultados

La contribución positiva de la facilitación horizontal es el fomento de acciones plurales y automotivadas para lograr un propósito compartido. Este enfoque fomenta la autonomía y la variedad: cada participante es plenamente consciente de sí mismo y se expresa libremente. Estas son ventajas enormemente valiosas.

Pero hacer demasiado hincapié en la facilitación horizontal también genera inconvenientes: fragmentación y bloqueo. Si se fomenta la autonomía y la variedad sin dejar espacio para la coordinación y la cohesión, cada uno va por su lado y se siente incapaz de colaborar estrechamente con los demás. Estas desventajas difuminan y, por tanto, limitan la contribución, la conexión y la equidad.

En algunos contextos, la facilitación horizontal puede ser suficiente, pero tiene límites.

Los dos enfoques convencionales de la facilitación, el vertical y el horizontal, producen valiosas ventajas y pueden funcionar bien durante un tiempo. Sin embargo, cuando se incide demasiado en ellos o se aplican por sí solos durante demasiado tiempo, también producen desventajas. Estos inconvenientes reducen inevitablemente y ponen en peligro la eficacia de estos enfoques para ayudar a las personas a avanzar juntas. En el siguiente capítulo se propone un enfoque poco convencional para afrontar esta tensión.

3

LA FACILITACIÓN TRANSFORMADORA NO CONVENCIONAL SE ABRE PASO A TRAVÉS DE LAS LIMITACIONES

La mayoría de los facilitadores optan por emplear la facilitación vertical o su polo opuesto, la horizontal. Argumentan que el enfoque que han elegido es más adecuado y mejor que el otro. Pero, cuando hacen esta elección, inadvertida e inevitablemente limitan el potencial de las colaboraciones que facilitan, porque ninguna de estas opciones convencionales puede crear un cambio transformador.

Sin embargo, los enfoques vertical y horizontal son algo más que polos opuestos: son complementarios. Esto significa que cada uno de estos enfoques está incompleto sin el otro y que los inconvenientes de cada uno solo pueden mitigarse incluyendo el otro. [1] Por lo tanto, la facilitación solo puede ser transformadora —solo puede superar las limitaciones de lo vertical y lo horizontal— si el facilitador decide emplear ambos enfoques. Esta es la opción más poderosa y poco convencional.

EL FACILITADOR PASA DEL ENFOQUE VERTICAL AL HORIZONTAL

El facilitador elige tanto el polo vertical como el horizontal de la misma manera que todos elegimos tanto la inhalación como la exhalación. Nadie discute sobre si es mejor inhalar o exhalar. No podemos elegir entre ambos: si solo inhaláramos, moriríamos por exceso de dióxido de carbono, y si solo exhaláramos, moriríamos por falta de oxígeno. En cambio, debemos hacer ambas cosas, no al mismo tiempo, sino alternativamente. Primero inhalamos para llevar oxígeno a la sangre; luego, cuando nuestras células convierten el oxígeno en dióxido de carbono y este se acumula en la sangre, exhalamos para dejar salir el dióxido de carbono; finalmente, cuando el oxígeno en la sangre baja demasiado, inhalamos; y así sucesivamente. Este sistema de retroalimentación fisiológica involuntaria mantiene la alternancia necesaria entre la inhalación y la exhalación y nos permite vivir en lugar de morir. El punto crucial de este ritmo es que la inhalación y la exhalación deben caer cada una de ellas solo parcialmente antes de que el cuerpo pase a la subida de la opuesta: si cayera totalmente, el resultado sería la muerte.

La facilitación transformadora funciona de la misma manera. Tanto la facilitación vertical como la horizontal tienen aspectos positivos y negativos (véase la figura 3.1). Cuando la verticalidad excesiva empieza a atascar al grupo en la rigidez y la dominación, el facilitador incide en la pluralidad para avanzar hacia la autonomía y la variedad horizontales. Cuando la horizontalidad excesiva hace que el grupo se estanque en la fragmentación y el bloqueo, el facilitador hace hincapié en la unidad para avanzar hacia la coordinación y la coherencia vertical. Esta atenta serie de elecciones mantiene la necesaria alternancia entre los enfoques vertical y horizontal (el signo del infinito o lemniscata). El punto crucial de este ritmo es que el facilitador debe darse cuenta de cuándo su facilitación vertical u horizontal está cayendo parcialmente en el lado negativo, y en ese momento debe cambiar al lado opuesto: si la facilitación cayera totalmente, el resultado sería la polarización y el estancamiento (la espiral descendente). El ciclo de ida y vuelta entre la facilitación vertical y la horizontal produce una facilitación que permite al grupo avanzar juntos (la espiral ascendente). Este enfoque no se mueve en línea recta y nunca es directo.

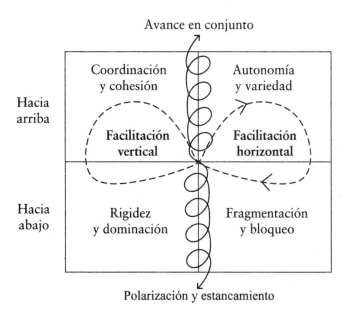

Figura 3.1: El ciclo de la facilitación transformadora

Este tercer enfoque de la facilitación es transformador (véase el cuadro 3.1). No es simplemente una mezcla o un compromiso entre la facilitación vertical y la horizontal: incluye y trasciende las dos y las transforma en un enfoque fundamentalmente diferente. Las limitaciones de la facilitación vertical y horizontal significan que ambos enfoques solo pueden crear un cambio limitado, pero la facilitación transformadora elimina estas limitaciones al eliminar los obstáculos para avanzar juntos (es decir, transformando el grupo). Solo la facilitación transformadora puede crear un cambio transformador de gran alcance.

Cuadro 3.1: Tres enfoques de la facilitación

	Facilitación vertical	Facilitación transformadora	Facilitación horizontal
Foco primario	El bien del conjunto singular del grupo	El bien del sistema de conjuntos y partes	El bien de cada parte de (participantes en) el grupo
Estrategia para avanzar juntos	Empujar de arriba hacia abajo (obligar)	Eliminar los obstáculos estructurales (habilitar)	Empujar de abajo hacia arriba (afirmar)
	Confiar en la experiencia y la autoridad	Moverse cíclicamente entre lo vertical y lo horizontal	Confiar en que cada participante elegirá qué hacer
Principio organizativo	Jerarquía de lo que está arriba sobre lo que está abajo y de lo más grande sobre lo más pequeño	Jerarquía equitativa	Igualdad
Ventajas	Coordinación y cohesión	Más de lo mejor de lo vertical y lo horizontal	Autonomía y variedad
Desventajas	Rigidez y dominación	Menos de lo peor de lo vertical y lo horizontal	Fragmentación y atascamiento

EL MOVIMIENTO CÍCLICO ELIMINA LOS OBSTÁCULOS

Tanto la facilitación vertical como la horizontal se centran en superar los obstáculos estructurales que impiden avanzar juntos, pero la facilitación transformadora se centra en *eliminar* estos obstáculos. Este enfoque de la creación del cambio tiene un largo historial: en la década de 1940, el investigador pionero del desarrollo organizativo Kurt Lewin postuló que eliminar los obstáculos es más eficaz que aumentar la presión:

> *En lugar de limitarse a aplicar presión o forzar un cambio, la investigación de Lewin apoya la identificación y el tratamiento de las fuerzas restrictivas como base para el éxito del cambio planificado: «En el primer caso [de aplicar presión], el proceso... se llevaría a cabo mediante un estado de tensión relativamente alto, [mientras que] en el segundo caso [de abordar las fuerzas restrictivas] mediante un estado de tensión relativamente bajo. Dado que el aumento de la tensión por encima de un cierto grado es probable que vaya acompañado de una mayor agresividad, una mayor emocionalidad y un menor impulso constructivo, está claro que, por regla general, el segundo método será preferible al [primero]».* [2]

En la facilitación transformadora, el facilitador realiza movimientos verticales y horizontales para eliminar los obstáculos estructurales a la contribución, la conexión y la equidad. Los siguientes son algunos ejemplos de estos cambios estructurales:

Establecer espacios de trabajo en persona y en línea para permitir la fluidez y la creatividad respecto de quién trabaja con quién en qué (haciendo hincapié en la flexibilidad y la elección)

Dar a todo el mundo la oportunidad de colaborar con otras personas diferentes (trabajando en varios grupos pequeños mixtos, con descansos y comidas informales y otras formas de conexión).

Fomentar la generación y reiteración rápida y participativa de ideas (utilizando rotafolios y pizarras blancas físicas y virtuales, notas adhesivas, bloques de construcción y archivos compartidos).

En todos estos ejemplos, los movimientos verticales del facilitador establecen nuevas estructuras, y sus movimientos horizontales invitan a los participantes a emplear equitativamente estas estructuras para contribuir y conectar sus diversas preocupaciones, ideas, compromisos, dones y energías.

Ir y venir entre lo vertical y lo horizontal es como balancear hacia adelante y hacia atrás una roca que está bloqueando un arroyo, con el fin de quitarla de en medio y permitir que el arroyo corra con mayor coherencia y fluidez. El facilitador emplea cinco movimientos verticales y cinco horizontales para ayudar al grupo a avanzar juntos con mayor coherencia y fluidez. Estos movimientos se presentan en el capítulo 4, se explican en los capítulos 6-10 y se resumen en «Un mapa de la facilitación transformadora» (tabla M.1), al final del libro.

Cuando un facilitador elimina los obstáculos que impiden la contribución, la conexión y la equidad, está realizando un acto radical. En muchos contextos, este acto desafía el *statu quo*, y los participantes que prefieren el *statu quo* se opondrán. Para tener éxito cuando ayuda a los participantes a enfrentarse a estas situaciones problemáticas, el facilitador debe ser consciente de las dinámicas que intentan mantener las cosas como están y responder estratégicamente a ellas. Por ejemplo, los participantes dominantes pueden tratar de imponer sus deseos al grupo (hablando por encima de los demás o utilizando su autoridad para establecer la agenda o las prioridades del grupo), y en estos casos el facilitador tendrá que negociar las reglas del grupo (incluidas las reglas para tomar decisiones) para garantizar una contribución, conexión y equidad adecuadas.

Eliminar los obstáculos también puede ser un acto sencillo. Por ejemplo, la ronda de presentaciones de un minuto al comienzo del primer taller de Colombia ayudó a desbloquear la contribución al permitir que se escuchara la voz de cada persona. Ayudó a desbloquear la conexión al permitir que todos vieran y escucharan a los demás. Y ayudó a desbloquear la equidad al utilizar el círculo de sillas, sin que nadie se situara «al frente» de la sala, y el timbre de un minuto, sin que nadie recibiera tiempo extra por su rango. Esta primera sesión, diseñada con precisión, marcó la pauta para todo lo que siguió en el proyecto. La facilitación transformadora consiste en acciones sencillas emprendidas con intencionalidad estratégica.

LA FACILITACIÓN TRANSFORMADORA PERMITE EL CAMBIO EN LAS ORGANIZACIONES

Al principio de mi carrera como consultor independiente, mis colegas y yo facilitamos un proyecto de estrategia de dos años para una empresa de logística de Fortune 50. La forma establecida de hacer las cosas en la empresa era vertical: el director general gestionaba dando directivas contundentes y detalladas, y esto había producido la coordinación y la cohesión que permitían un éxito empresarial extraordinario. Pero el director de operaciones pensaba que la situación de la empresa era problemática, ya que la globalización y la digitalización estaban cambiando el panorama competitivo, y quería que los empleados de toda la organización colaboraran más horizontalmente para crear respuestas innovadoras.

Mi equipo trabajó con el director de operaciones y sus colegas de forma vertical para acordar el alcance, el calendario y el proceso del proyecto, y para crear un equipo interdepartamental de distintos niveles. El proceso que diseñamos para el equipo era más horizontal, participativo y creativo de lo que estaban acostumbrados. Se sumergieron en los cambios de su mercado pasando tiempo en la primera línea de la organización, realizando viajes de aprendizaje a organizaciones líderes de otros sectores y construyendo escenarios de futuros posibles. Participaron en talleres que incidían en la plena participación de todos los miembros del equipo y que incluían ejercicios estructurados para generar, desarrollar y probar opciones innovadoras.

Este proceso de transformación permitió un avance al crear un espacio en el que se suspendió la cultura de mando y control de la empresa, que suponía que los jefes sabían más. Esto permitió una mayor contribución de los participantes de diferentes departamentos y niveles jerárquicos. El equipo de proyecto interdepartamental atravesó la organización, donde las líneas de comunicación iban de arriba a abajo en lugar de ir de lado a lado, por lo que el proceso permitió una mayor conexión. Además, la empresa poseía una jerarquía de privilegios muy pronunciada, en la que los altos cargos tenían una remuneración y un poder mucho mayor, por lo que el proceso también permitió una contribución y una conexión más equitativas. La facilitación transformadora le permitió a este equipo idear y poner en práctica una serie de iniciativas para lanzar nuevas ofertas de servicios y racionalizar las operaciones de la empresa.

LA FACILITACIÓN TRANSFORMADORA PERMITE EL CAMBIO MÁS ALLÁ DE LAS ORGANIZACIONES

En sistemas sociales más amplios, que incluyen múltiples organizaciones de diferentes tipos, las estructuras que fomentan o limitan la contribución, la conexión y la equidad son mayores y más complejas que las de las organizaciones individuales. Por lo tanto, el empleo de la facilitación transformadora en estos sistemas requiere la aplicación de intervenciones estratégicas para transformar estas estructuras, incluso mediante la creación y el desarrollo de otras nuevas.

En nuestro proyecto de Colombia, por ejemplo, el primer paso consistió en convocar a los participantes. Los iniciadores del proyecto tardaron muchos meses en reclutar a líderes de todos los grupos económicos, políticos, sociales y étnicos de la región, tanto de la élite como de los marginados. Pidieron a otras personas influyentes que respaldaran el proyecto para otorgarle credibilidad y dar a los participantes una autorización formal e informal. Encontraron una organización que financiara el proyecto y otra que donara el espacio del hotel.

Era necesario organizar adecuadamente la colaboración. Diseñamos el proyecto para proporcionar apoyo a los participantes durante el transcurso de su trabajo hasta el primer taller y durante el año siguiente. Formamos un equipo de facilitación que incluía al equipo de Reos, con nuestra experiencia internacional en la facilitación de este tipo de procesos interorganizativos, además de personas locales con experiencia y relaciones en la región. Este equipo dedicó dos días a conocerse y a estudiar cómo enfocar nuestro papel de facilitadores.

Para poder trabajar juntos, los participantes debían crear un lenguaje común para poder hablar de la situación de la región y de cómo podrían cambiarla. Realizamos entrevistas abiertas con cada uno de ellos, tanto para inscribirlos en el proyecto como para escuchar sus opiniones sobre los principales problemas de la región. A continuación, recopilamos estas opiniones en un informe que contenía una selección de sus declaraciones literales no atribuidas, que distribuimos antes del primer taller. En la primera mañana del taller, cada participante presentó su perspectiva sobre la realidad actual de la región, junto con un objeto que había traído (entre ellos, una piedra, un libro, una semilla y un machete), que produjo imágenes metafóricas novedosas. Utilizaron ladrillos de juguete para construir modelos de la situación socio-política-económica-cultural de la región en su contexto más amplio, lo que les permitió compartir y combinar sus diferentes entendimientos tácitos de forma visible y fluida. Escribieron y organizaron sus ideas en notas adhesivas, lo que ayudó a crear y reiterar su comprensión compuesta de la realidad actual. Todas estas metodologías crearon un espacio para que todos los participantes, incluidos los minoritarios y marginados, se expresaran por igual y abiertamente, y ayudaron a hacer visible parte de lo que había sido invisible.

Lo más importante era que los participantes estuvieran dispuestos a trabajar juntos y fueran capaces de hacerlo. Para ayudarlos a conectarse mejor entre sí:

- Acordamos una serie de reglas básicas, especialmente sobre la confidencialidad, que los ayudaron a sentirse más seguros para hacer sus contribuciones.
- Comimos juntos en mesas largas, lo que creó un espacio para las conversaciones informales.
- Los invitamos a dar paseos en parejas, lo que permitió desarrollar conexiones personales más allá de las diferencias.
- Introdujimos un marco para la escucha abierta, sin prejuicios y empática, que practicaron en parejas; el último paso

de este ejercicio consistió en mirar a los ojos de su compañero, y la sensación de conexión desconocida e inesperada en la sala fue palpable.

- Facilitamos una hora en la que los participantes contaron historias personales sobre sus vidas, lo que les permitió comprender mejor por qué algunos de ellos habían acabado en caminos opuestos.

Y realizamos todas estas actividades no convencionales en una secuencia estructurada pero lúdica, invitando a los participantes a relajarse y a abrirse a lo que pudiera ocurrir: la expresión del misterio.

Por lo tanto, en todo lo que hizo nuestro equipo de facilitación colombiano, empleamos sistemáticamente tanto nuestra experiencia vertical como la autoridad y las opciones horizontales de los participantes para eliminar los obstáculos a la contribución, la conexión y la equidad.

En la facilitación transformadora, el facilitador realiza un ciclo de ida y vuelta entre lo vertical y lo horizontal para desbloquear la contribución, la conexión y la equidad, y así permitir que el grupo avance conjuntamente. En el siguiente capítulo se explican los movimientos específicos que debe hacer el facilitador para lograr este ciclo.

4

EL FACILITADOR PERMITE EL AVANCE MEDIANTE DIEZ MOVIMIENTOS

El ciclista empuja alternativamente los pedales izquierdo y derecho para permitir que la bicicleta avance. Del mismo modo, un facilitador realiza movimientos verticales y horizontales alternativamente para permitir que el grupo avance.

CINCO CUESTIONES QUE TODAS LAS COLABORACIONES DEBEN ABORDAR

Cada colaboración es diferente porque las particularidades de la situación problemática, los participantes y el proceso son diferentes. Pero, en todas las colaboraciones, los participantes y los facilitadores deben trabajar con las mismas cinco preguntas básicas sobre cómo avanzar juntos:

1. *¿Cómo vemos nuestra situación?* En otras palabras, ¿qué está ocurriendo aquí, alrededor, entre y dentro de nosotros? Esta pregunta se refiere a la realidad (incluida la realidad dentro del grupo) que el grupo trata de abordar

conjuntamente. Si no podemos comprender nuestra realidad, no podremos ser eficaces en su transformación.

2. *¿Cómo definimos el éxito?* ¿Qué resultados queremos obtener con nuestros esfuerzos? Esta pregunta se refiere a dónde queremos llegar con nuestra colaboración. Si no sabemos cuál es nuestra meta, no podemos saber si estamos progresando.

3. *¿Cómo llegaremos desde aquí hasta allá?* ¿Cuál es nuestra ruta desde donde estamos hasta donde queremos estar? Esta pregunta se refiere a la forma en que avanzaremos: el enfoque, el proceso, la metodología y los pasos.

4. *¿Cómo decidimos quién hace qué?* ¿Cuál es nuestro enfoque para coordinar y alinear nuestros esfuerzos? Esta pregunta se refiere a cómo nos organizaremos para colaborar por encima de nuestras diferencias (sin depender necesariamente de nuestros roles y jerarquías habituales).

5. *¿Cómo entendemos nuestro papel?* ¿Cuál es nuestra responsabilidad en esta situación? Esta pregunta se refiere a cómo nos posicionamos cada uno de nosotros frente a nuestra situación y a nuestro esfuerzo de colaboración para abordarla.

Todas estas preguntas surgen desde el principio de cada colaboración, pero no suelen responderse de una sola vez. Los facilitadores y los participantes tienen que abordarlas repetida e iterativamente a lo largo de la colaboración, ya sean días o décadas.

CÓMO RESPONDEN A LAS CINCO PREGUNTAS LA FACILITACIÓN VERTICAL Y LA HORIZONTAL

La facilitación vertical es común y seductora porque ofrece respuestas directas y familiares a estas cinco preguntas. En este enfoque, tanto los participantes como el facilitador suelen dar las siguientes cinco respuestas de confianza, superioridad y control sobre el trabajo que están realizando:

1. «Tenemos la respuesta correcta».
2. «Tenemos que ponernos de acuerdo».
3. «Conocemos el camino».
4. «Nuestros líderes deciden».
5. «Debemos arreglar esto».

En cambio, en la facilitación horizontal, los participantes suelen dar las siguientes cinco respuestas desafiantes, defensivas y autónomas, y el facilitador apoya esta autonomía:

1. «Cada uno tiene su propia respuesta».
2. «Cada uno de nosotros tiene que seguir moviéndose».
3. «Cada uno encontrará su camino a medida que avanza».
4. «Cada uno decide por sí mismo».
5. «Cada uno debe poner en orden su propia casa».

CÓMO RESPONDE A LAS CINCO PREGUNTAS LA FACILITACIÓN TRANSFORMADORA

Los enfoques vertical y horizontal responden a las cinco preguntas de colaboración de forma opuesta. Estos pares de afirmaciones constituyen cinco polaridades que son versiones focalizadas de la polaridad vertical-horizontal en su totalidad. En la facilitación transformadora, el facilitador realiza cinco conjuntos de movimientos que ayudan a los participantes a ir y venir entre cada par de polos. Así es como el grupo obtiene lo mejor de ambos enfoques, evita lo peor y avanza en conjunto.

¿Cómo vemos nuestra situación?

El facilitador ayuda a los participantes a trabajar con esta primera pregunta, ayudándolos a alternar entre la *defensa* y la *indagación* (véase el cuadro 4.1). A menudo, tanto los participantes como el facilitador comienzan una colaboración con la perspectiva vertical de confianza: «Tenemos la respuesta correcta». Cada uno piensa que «si los demás estuvieran de acuerdo conmigo, el grupo podría avanzar conjuntamente con mayor rapidez y facilidad». Pero, cuando el grupo lleva esta posición demasiado lejos o durante demasiado tiempo y empieza a quedarse atascado en una certeza rígida, el facilitador tiene que ayudar a los participantes a indagar para avanzar hacia la pluralidad horizontal. Cuando los participantes están golpeando la mesa, seguros de tener la respuesta correcta, el facilitador puede animarlos a añadir «En mi opinión» al principio de su frase, y si eso es insuficiente, a probar con «En mi humilde opinión». Estos elementos lúdicos abren la puerta a la indagación. Luego, cuando los participantes llevan la actitud horizontal del tipo «Cada uno tiene su propia respuesta» demasiado lejos y durante demasiado tiempo y empiezan a atascarse en la cacofonía y la indecisión, el facilitador los ayuda a abogar para avanzar hacia la claridad y la decisión de la unidad vertical.

El facilitador va y viene entre la defensa y la indagación de lo que está ocurriendo en el grupo y lo que los participantes necesitan hacer al respecto; al hacerlo, el facilitador anima al grupo a hacer lo mismo con respecto a lo que está ocurriendo en la situación problemática y lo que necesitan hacer para abordarla. A través de este ciclo entre la defensa y la indagación, el grupo y el facilitador aclaran de forma gradual y reiterada su comprensión de dónde se encuentran y lo que esto implica para lo que deben hacer a continuación.

Cuadro 4.1: Los movimientos cíclicos de la facilitación transformadora

	Facilitación vertical	Facilitación transformadora		Facilitación horizontal
	La típica respuesta que, cuando se lleva demasiado lejos, indica que el grupo está atascado en el inconveniente de lo vertical	El movimiento compensatorio que lleva al grupo hacia arriba de lo horizontal	El movimiento compensatorio que lleva al grupo hacia arriba de lo vertical	La típica respuesta que, cuando se lleva demasiado lejos, indica que el grupo está atascado en el inconveniente de lo horizontal
En general	«Debemos focalizarnos en el bien del conjunto»			«Debemos focalizarnos en el bien de cada parte»
1. ¿Cómo vemos nuestra situación?	«Tenemos la repuesta correcta»	Indagación	Defensa	«Cada uno tiene su propia respuesta»
2. ¿Cómo definimos el éxito?	«Necesitamos ponernos de acuerdo»	Avance	Conclusión	«cada uno necesita mantenerse en movimiento»
3. ¿Cómo llegaremos desde aquí a hasta allá?	«Conocemos el camino»	Descubrimiento	Mapeo	«Cada uno encontrará su camino sobre la marcha»·
4. ¿Cómo decidimos quién hace qué?	«Deciden nuestros líderes»	Acompañamiento	Dirección	«Cada uno decide por sí mismo»
5. ¿Cómo entendemos nuestro papel?	«Debemos arreglar esto»	Posición interna	Posición externa	«Cada uno debe poner su casa en orden»

¿Cómo definimos el éxito?

El facilitador ayuda a los participantes a trabajar con la segunda pregunta, y los hace alternar entre la *conclusión* y el *avance*. A menudo, tanto los participantes como el facilitador comienzan una colaboración con la perspectiva vertical: «Tenemos que ponernos de acuerdo». Pero cuando llevan esta posición demasiado lejos o durante demasiado tiempo y empiezan a atascarse en esta exigencia de conclusión, el facilitador tiene que ayudarlos a que sigan avanzando. Uno de mis aprendizajes más importantes como facilitador ha sido que, para avanzar juntos, el acuerdo no es necesario tan a menudo ni en tantos asuntos como la mayoría de la gente piensa.

Entonces, cuando los participantes empiezan a quedarse atascados en la actitud horizontal desenfocada «Cada uno de nosotros tiene que seguir avanzando», el facilitador tiene que ayudarlos a hacer una pausa para resolver en qué pueden acordar para centrarse.

Al hacer este ciclo, el facilitador está trabajando con una herramienta clave de la facilitación: el ritmo y el tiempo del proceso —cuándo el grupo necesita ir más despacio o hacer una pausa para llegar a un acuerdo o conclusión, cuándo necesita seguir avanzando, incluso sin acuerdo o con un acuerdo parcial, y cuándo necesita declarar que la colaboración debe terminar. A través de este ciclo entre la conclusión y el avance, el grupo y el facilitador aclaran de forma gradual y reiterada su comprensión de a dónde quieren llegar.

¿Cómo llegaremos desde aquí hasta allá?

El facilitador ayuda a los participantes a trabajar con la tercera pregunta, ayudándolos a alternar entre *el mapeo* y el *descubrimiento*. A menudo, tanto los participantes como el facilitador comienzan una colaboración con la perspectiva vertical segura: «Conocemos el camino». Pero, cuando adoptan esta posición durante demasiado tiempo y empiezan a atascarse obstinadamente, el facilitador tiene que ayudar a los participantes a experimentar para poner a prueba su comprensión y descubrir nuevas opciones.

Más tarde, cuando los participantes empiezan a quedarse atascados en la actitud horizontal «Cada uno encontrará su camino sobre la marcha», el facilitador los ayuda a trazar un camino común.

A veces, el facilitador tiene que persistir en el proceso previsto para el trabajo del grupo y el grupo tiene que persistir en su curso de acción previsto para abordar la situación problemática. A veces, ambos tienen que girar para hacer frente a lo que realmente está sucediendo, que es diferente de lo que habían planeado.

A través de este ciclo entre el mapeo y el descubrimiento, el grupo y el facilitador aclaran de forma gradual y reiterada su camino hacia adelante.

¿Cómo decidimos quién hace qué?

El facilitador ayuda a los participantes a trabajar con la cuarta pregunta ayudándolos a alternar entre la *dirección* (como el director de una orquesta o banda) y el *acompañamiento* (como un acompañante que toca el piano o la batería). A menudo, tanto los participantes como el facilitador inician una colaboración con la perspectiva vertical inequívoca: «Nuestros líderes deciden». Pero, cuando llevan esta posición demasiado lejos o durante demasiado tiempo y empiezan a quedarse atascados en un mando ineficaz, el facilitador debe ayudar a todos los participantes a asumir la responsabilidad de sus propias acciones.

Entonces, cuando los participantes empiezan a quedarse atascados en la actitud horizontal desalineada «Cada uno tiene que decidir por sí mismo», el facilitador los ayuda a alinear sus acciones.

A veces, el facilitador necesita dirigir el grupo desde el frente, y el grupo necesita ser directivo para abordar la situación problemática. A veces, el facilitador debe acompañar al grupo, y el grupo debe hacer lo mismo desde al lado de la situación. A través de este ciclo entre la dirección y el acompañamiento, el grupo y el facilitador aclaran de forma gradual y reiterada cómo están coordinando su trabajo.

¿Cómo entendemos nuestro papel?

El facilitador ayuda a los participantes a trabajar con esta última pregunta ayudándolos a alternar entre la *posición externa* a la situación problemática y la *posición interna*. A menudo, tanto los participantes como el facilitador inician una colaboración con la perspectiva vertical objetiva: «Debemos arreglar esto». Pero, cuando llevan esta posición demasiado lejos o durante demasiado tiempo y empiezan a quedarse atascados en la fría lejanía, el facilitador tiene que ayudar a los participantes a considerar cómo son parte del problema y, por tanto, tienen la capacidad de ser parte de la solución.

Entonces, cuando los participantes empiezan a quedarse atascados en la horizontalidad egocéntrica y miope de la actitud «Cada uno debe poner su propia casa en orden», el facilitador los ayuda a situarse fuera de la situación para obtener una perspectiva más clara, no partidista y neutral de lo que está ocurriendo.

A veces, el facilitador también necesita situarse fuera para tener una perspectiva más clara de lo que está ocurriendo y, otras veces, situarse dentro para reconocer las formas en las que también forma parte del problema y, por lo tanto, tiene la posibilidad de participar en la solución. A través de este ciclo entre el exterior y el interior, el grupo y el facilitador aclaran de forma gradual y reiterada sus funciones y responsabilidades.

Todo grupo que colabore necesita trabajar con las cinco preguntas básicas, no solo una vez al principio de la colaboración, sino varias veces, de forma reiterada, a medida que se desarrolla la colaboración. Por lo tanto, el facilitador debe realizar los diez movimientos una y otra vez, según sea necesario. En el próximo capítulo se explica cómo el facilitador puede saber el movimiento que debe hacer a continuación.

5

EL FACILITADOR SABE CUÁL ES EL PRÓXIMO MOVIMIENTO CUANDO PRESTA ATENCIÓN

La facilitación transformadora implica hacer solo diez movimientos. Sin embargo, los facilitadores tienen que hacer estos movimientos no en un orden o ritmo directo o predefinido, sino a medida que cada uno es necesario, momento a momento. Para hacerlo con eficacia, los facilitadores deben prestar atención a lo que ocurre en el grupo y en torno a él, y a ellos mismos.

EL FACILITADOR PERMITE AVANZAR A TRAVÉS DE CICLOS

El facilitador va alternando cíclicamente entre los cinco pares de movimientos. En algunos momentos y contextos, da más peso a uno u otro de los pares, o más peso a un movimiento vertical o a uno horizontal. Por ejemplo, cuando el grupo trata de entender lo que ocurre entre sus integrantes y cómo esto se relaciona con lo que ocurre en su situación más amplia (la primera pregunta), el facilitador puede animarlos a ver más a través de la alternancia entre situarse fuera y dentro (la quinta pregunta). O cuando el grupo se detiene para llegar a una conclusión (la segunda pregunta), el facilitador puede animarlos a centrarse en cómo el grupo toma decisiones (la cuarta pregunta). O, en una cultura organizativa fuertemente vertical, el facilitador puede tener que volver a menudo, tranquilizadoramente, al polo vertical.

Sin embargo, no existe un punto medio estable o un equilibrio estático entre estos movimientos. Como si se tratara de conducir una bicicleta, el facilitador tiene que ir alternando para establecer un equilibrio dinámico y ayudar al grupo a avanzar.

Un facilitador principiante puede desequilibrarse gravemente y tener que cambiar de forma consciente y brusca para reequilibrarse. Uno experimentado solo se desequilibra ligeramente y cambia de forma inconsciente y fluida. Incluso después de tres décadas, solo estoy en una parte de esta curva de aprendizaje, y muchas de las historias de este libro tratan de momentos en los que me desequilibré y de cómo me reequilibré.

FACILITACIÓN TRANSFORMADORA IMPLICA UN JUEGO EXTERIOR Y OTRO INTERIOR

El psicólogo deportivo Tim Gallwey dice: «En todo esfuerzo humano hay dos terrenos de juego: el exterior y el interior. El juego exterior se desarrolla en un escenario externo para superar obstáculos externos y alcanzar un objetivo externo. El juego interior tiene lugar dentro de la mente del jugador».[1]

En el juego exterior de la facilitación transformadora, el facilitador realiza los diez movimientos. En el juego interior de la facilitación transformadora, el facilitador realiza cinco cambios de atención dentro de sí mismo. Estos cambios le permiten al facilitador saber, en cada momento, qué movimiento debe hacer.

A medida que el facilitador trabaja con cada una de las cinco preguntas de colaboración, debe prestar atención y cambiar de forma específica:

1. Para alternar entre la defensa y la indagación, el facilitador necesita *abrirse*: prestar atención a lo que está sucediendo y a lo que se necesita en la situación y en el grupo. (Este primer cambio es fundamental para los otros cuatro).

2. Para alternar entre concluir y avanzar, el facilitador necesita *discernir*: prestar atención a cuándo el grupo necesita frenar para ponerse de acuerdo, cuándo seguir avanzando sin acuerdo o con un acuerdo parcial, y cuándo parar y terminar.

3. Para alternar entre el mapeo y el descubrimiento, el facilitador tiene que *adaptarse*: prestar atención a cuándo persistir en seguir una ruta planificada y cuándo pivotar para probar una nueva.

4. Para alternar entre la dirección y el acompañamiento, el facilitador tiene que *servir*: prestar atención a cuándo el grupo necesita una instrucción firme y cuándo necesita un apoyo relajado.

5. Para alternar entre estar fuera y estar dentro, el facilitador necesita *asociarse*: prestar atención a cuándo centrarse en estar apartado del grupo y de la situación y cuándo centrarse en formar parte de ellos.

PRESTAR ATENCIÓN REQUIERE LIDIAR CON LA DISTRACCIÓN

Prestar atención de estas cinco maneras es en parte racional y en parte intuitivo. Por ejemplo, en la apertura, escucho y analizo las palabras que utilizan los participantes, y también respondo a los cambios sutiles en sus gestos visibles o energías invisibles. Cuando facilito, no solo o no siempre escucho lo que la gente dice: utilizo todos mis sentidos para captar lo que ocurre en el grupo y lo que tengo que hacer.

Antes de que comience un taller, los equipos de facilitación de los que formo parte siempre se reúnen para «hacer el *check in*»: para comenzar nuestro trabajo juntos notando y compartiendo de dónde viene cada uno de nosotros para, de este modo, llegar a estar plenamente presentes. En estas ocasiones, a menudo me sorprendo diciendo: «Estoy preparado: he terminado con las otras cosas que tenía que hacer y ahora estoy plenamente aquí». Me concentro con tanta diligencia en terminar esas otras cosas (tareas para otros proyectos, asuntos personales, preparaciones detalladas) porque sé que, mientras estoy facilitando, es crucial para mí prestar atención sin distracciones.

Todos los facilitadores, aunque no estén dirigiendo al grupo en un momento dado —si están proporcionando apoyo logístico, tomando notas o preparando la siguiente actividad— deben prestar atención. Una de las razones por las que la facilitación es más difícil ahora que antes (ya sea en persona o, incluso más, en línea) es que los facilitadores y los participantes se distraen fácilmente de prestar atención a lo que ocurre en el grupo al consultar habitualmente sus teléfonos u ordenadores. El recordatorio que más a menudo tengo que hacer a los facilitadores es: «Por favor, deja de mirar tu teléfono». Una parte de la atención consiste en prestarse atención a uno mismo, tanto para darse cuenta de la distracción como, cuando uno no se distrae, para utilizar todo el ser como instrumento de percepción.

La atención de los facilitadores se desvía de lo que ocurre en el grupo no solo por las distracciones externas, sino también por las internas. Se quedan atrapados en su propia dinámica interna: ego, reacción, proyección, inseguridad, actitud defensiva, miedo. Esto me ocurre cuando me irrita alguien en un taller (generalmente, por una experiencia que tuve con otra persona) o cuando me molesta algo que ocurre en un proyecto (generalmente, porque me preocupa algo que pueda ocurrir en el futuro). En estas situaciones, necesito recordar que debo volver a prestar atención a lo que está ocurriendo aquí y ahora, igual que en una práctica de meditación en la que la instrucción es volver a prestar atención a la respiración. Muchas de las historias que cuento en este libro sobre los momentos en los que he fracasado en mi labor de facilitador fueron oportunidades en las que mis dinámicas internas, especialmente el miedo, abrumaron mi capacidad de permanecer relajado y atento. El miedo bloquea la contribución, la conexión y la equidad.

Domino más la facilitación en la medida en que puedo volver a centrarme más rápidamente que antes. En lugar de distraerme durante horas en un taller, suelo poder recuperar mi atención en cuestión de minutos, y en lugar de estar disgustado durante un proyecto durante semanas, suelo serenarme en cuestión de días.

La práctica interna de los facilitadores no consiste tanto en evitar distraerse como en aprender a prestar atención de nuevo con mayor rapidez y facilidad. Esta práctica permite al facilitador cambiar y moverse más fácilmente según lo requiera la situación, y así ayudar a los participantes a hacer lo mismo.

PRESTAR ATENCIÓN PERMITE LA FLUIDEZ

El psicólogo Mihaly Csikszentmihalyi utiliza el término *flujo* para describir el estado de «estar completamente involucrado en una actividad. El ego desaparece. El tiempo vuela. Cada acción, movimiento y pensamiento se deriva inevitablemente del anterior, como si se tratara de tocar jazz. Todo tu ser está involucrado y utilizas tus habilidades al máximo».[2] Cuando estoy facilitando lo mejor que puedo, totalmente atento a lo que ocurre en el grupo, estoy en flujo. Este estado de atención plena es emocionantemente eficaz.

El investigador del Instituto Tecnológico de Massachusetts, Otto Scharmer, utiliza el término *presencing* (estar presente) para describir este estado de sentir y estar presente «a una posibilidad futura que busca emerger», y el término *absencing* (estar ausente) para describir lo contrario.[3] Un facilitador necesita estar presente en lugar de ausente para poder notar lo que surge en el grupo en cada momento, y hacerlo con relajación, empatía y ecuanimidad. Esta es la cualidad de la atención requerida para que el facilitador se dé cuenta de lo que está sucediendo realmente —incluso si es diferente de lo que esperaba o quería, o es sorprendente, confuso o molesto— y, por lo tanto, sea capaz de moverse y cambiar adecuadamente.

EL FACILITADOR APRENDE A PRESTAR ATENCIÓN PRACTICANDO

Un facilitador que emplea la facilitación transformadora en un grupo es como un marinero que navega en un pequeño barco con viento fuerte. El marinero no puede controlar el viento y, por lo tanto, no debe malgastar energía preocupándose por lo que este hace. La forma de hacer avanzar un velero en la dirección desde la que sopla el viento no es apuntar el barco directamente hacia el viento, sino virar hacia adelante y hacia atrás en un ángulo de unos 45 grados con respecto a la dirección del viento, una y otra vez. El navegante vira cuando ajusta con fluidez la dirección del barco, la posición de la vela y el lugar del barco en el que coloca el peso de su cuerpo. Un navegante experimentado sabe cuál es el movimiento que debe hacer a continuación si presta atención tanto racional como intuitivamente a lo que ocurre dentro y alrededor del barco. Una herramienta valiosa para ello son los pequeños trozos de tela atados a la vela («veletas») que indican leves cambios en la dirección del viento en relación con el barco. Si el navegante no presta atención, la embarcación no avanzará, e incluso podría zozobrar.

La habilidad principal del facilitador es, de modo análogo, prestar atención. Un facilitador experimentado sabe qué paso dar a continuación si presta atención, tanto racional como intuitivamente, a lo que ocurre dentro y entre los miembros del grupo y en su contexto. El facilitador está atento a los indicadores, por ejemplo, las manifestaciones que suelen indicar que un grupo se está atascando en la desventaja de uno de los polos y requiere que el facilitador haga el movimiento compensatorio hacia la ventaja del polo opuesto. Si el facilitador no presta atención, la colaboración podría no avanzar e, incluso, zozobrar.

La facilitación transformadora no es sencilla. Requiere avanzar, no en línea recta, sino ir y venir entre dos enfoques opuestos. Y requiere prestar atención no solo a lo que está fuera y es visible, sino también a lo que está dentro y es invisible.

Hillel fue un rabino que vivió en Jerusalén hace 2100 años. Hay una historia sobre un estudiante que lo desafió a que explicara el único principio fundamental de la práctica judía mientras se sostenía sobre un solo pie. Hillel no denostó al estudiante (como hubiera hecho otro rabino), sino que le respondió: «Lo que es odioso para ti no lo hagas para otro; eso es toda la Torá, y el resto es su interpretación. Ve a estudiar».[4]

Nadie me ha pedido nunca que explique la facilitación de la transformación mientras me sostengo en un solo pie. Pero si alguien me lo pidiera, le respondería: «Presta atención; el resto es interpretación. Ve a practicar». La siguiente parte de este libro explica la práctica de la facilitación transformadora.

PARTE 2

LA PRÁCTICA DE LA FACILITACIÓN TRANSFORMADORA

El facilitador utiliza la facilitación transformadora para ayudar a un grupo a colaborar en la transformación de su situación. Para ampliar los ejemplos que di al principio de la parte 1: un ingeniero dirige un equipo de lanzamiento de productos en toda la empresa. Dos administradores inician un comité de equidad racial en el consejo escolar y contratan a un consultor externo para que acompañe su proceso. Una directora de recursos humanos y su personal organizan un grupo de trabajo para el cambio cultural de una organización mundial sin ánimo de lucro. Un equipo de varias organizaciones coordina el trabajo de una alianza para la salud de la población. Cinco ciudadanos preocupados convocan un grupo de rejuvenecimiento de la economía local.

Mis colegas y yo hemos colaborado con los facilitadores locales en todos estos entornos y en otros. Hemos aprendido que el núcleo de la práctica de la facilitación transformadora es ayudar a un grupo a trabajar a través de las cinco preguntas básicas de colaboración enumeradas al principio del capítulo 4. Un facilitador hace esto a través de cinco pares de movimientos externos y cinco cambios internos, como y cuando sean necesarios (como se discute en el capítulo 5 y se ilustra en la tabla M.1). Al hacerlo, transforma sus propias acciones y ayuda al grupo a transformar sus acciones y, por tanto, su situación.

En abril de 2020, mientras escribía este libro, me mudé de un apartamento en la ciudad a una casa en el campo. Mi hábito del trote diario cambió en consecuencia: antes corría por una cuadrícula de calles señalizadas, y ahora mi ruta era a través de un bosque atravesado por senderos sin señalizar. Durante semanas me perdí (sobre todo cuando me distraía pensando en mi escritura) hasta que aprendí a reconocer las señales —un árbol caído, un claro, un ensanchamiento del camino— que me indicaban en cada punto la dirección que debía tomar. Tracé un mapa en mi cabeza.

La facilitación transformadora es como correr en este bosque. Para ayudar a un grupo a encontrar su camino, el facilitador tiene que prestar atención, momento a momento, a las señales de lo que está sucediendo en el grupo y a su alrededor, para poder saber en cada momento qué movimientos y desplazamientos hay que hacer.

En los cinco capítulos siguientes se elabora un mapa de las cinco cuestiones relativas a la colaboración que todo grupo debe resolver, de forma repetida e iterativa, para poder avanzar juntos, y de los movimientos y cambios que el facilitador debe realizar para ayudar al grupo a hacerlo.

6

¿CÓMO VEMOS NUESTRA
SITUACIÓN? DEFENDER E INDAGAR

En la facilitación transformadora, un facilitador ayuda a un grupo a colaborar para transformar su situación problemática. Al hacerlo, la primera pregunta básica con la que deben trabajar, y a la que deben volver una y otra vez, es: ¿Cómo entendemos lo que ocurre en nuestra situación?

En la facilitación vertical, los participantes responden a las preguntas sobre su situación *defendiendo* con confianza: «Tenemos la respuesta correcta». El facilitador da exactamente esta misma respuesta a las preguntas sobre el proceso. Los desacuerdos sobre estas respuestas se resuelven mediante un debate entre los defensores de las distintas respuestas (con una de ellas como vencedora) o mediante el decreto del defensor más poderoso de una respuesta. La ventaja de este enfoque es que hace un uso decisivo de las contribuciones de los expertos. La desventaja de sobredimensionar este enfoque, sin dar cabida a la diversidad y la inclusión, es que produce el pensamiento de grupo (respuestas que todo el grupo apoya pero que son incorrectas) o el repudio (respuestas que muchos miembros del grupo no apoyan).

En cambio, en la facilitación horizontal, los participantes dicen: «Cada uno tiene su propia respuesta». Los facilitadores emplean procesos dialógicos que dan espacio para *indagar* sobre estas múltiples respuestas y para que coexistan. La ventaja de este enfoque es que incluye diversas contribuciones. El inconveniente de sobredimensionar este enfoque, sin dar cabida a la experiencia y la decisión, es que produce cacofonía e indecisión.

La facilitación transformadora oscila entre dos polos para obtener lo mejor de ambos y evitar lo peor. El facilitador va y viene entre la defensa de un proceso concreto —presentando con franqueza su perspectiva sobre lo que está ocurriendo en el grupo y lo que este debe hacer al respecto— y la indagación de las perspectivas de los participantes sobre estos asuntos. Al hacerlo, anima a los participantes a ir y venir entre la defensa y la indagación sobre el contenido de su trabajo: lo que está ocurriendo en la situación y lo que el grupo debe hacer al respecto. Los participantes coinciden en algunas respuestas y discrepan en otras. La alternancia entre la defensa y la indagación desbloquea la contribución (al proporcionar un espacio para que los participantes ofrezcan sus múltiples entendimientos y construyan uno compartido), la conexión (al proporcionar un espacio para que los participantes conecten y hagan converger sus entendimientos) y la equidad (al limitar el espacio para que los más poderosos impongan su entendimiento).

Para poder pasar de un movimiento a otro, el cambio interno que necesita hacer el facilitador —la forma específica de prestar atención— es la *apertura*. Esto significa estar dispuesto a considerar y dar sentido a múltiples perspectivas sobre lo que está sucediendo y lo que se necesita.

La primera elección básica que debe hacer el facilitador, momento a momento y una y otra vez, es esta: ¿Me concentro en defender o en indagar?

UN GRUPO SE ABRE

La primera vez que vi lo que ahora llamo facilitación transformadora fue un hermoso sábado por la tarde de septiembre de 1991, en el acogedor Centro de Conferencias Mont Fleur, en la región vinícola al este de Ciudad del Cabo, en Sudáfrica.

(Los lectores de mis libros anteriores se darán cuenta de que una vez más empiezo con una historia, en parte conocida y en parte nueva, de mi experiencia en Mont Fleur. Esa fue mi primera y fundamental experiencia con la facilitación transformadora, y he pasado los últimos treinta años trabajando para dar sentido y utilizar lo que vi allí. En este libro, sin embargo, no me centro en lo que Mont Fleur me enseñó sobre la resolución de problemas difíciles, la interacción del poder y el amor, la metodología de la planificación de escenarios transformadores o la posibilidad de colaborar con el enemigo, sino en lo que me enseñó sobre la práctica de facilitar avances).

Trevor Manuel era el jefe del Departamento de Política Económica del Congreso Nacional Africano (CNA), el movimiento de liberación de izquierdas que el año anterior había sido legalizado por el gobierno racista blanco. El departamento de Manuel había preparado el documento que expresaba la posición del CNA sobre política económica para la transición a una democracia no racial, titulado «Crecimiento a través de la redistribución», que pedía impulsar el crecimiento económico transfiriendo la riqueza de la minoría blanca más rica a la mayoría negra más pobre. Veintiocho líderes de todos los sectores de la sociedad sudafricana —negros y blancos, de la oposición y de la clase dirigente, de la izquierda y de la derecha, hombres y mujeres, de la política, la empresa y la sociedad civil— participaron en un taller de fin de semana en Mont Fleur para hablar de cómo llevar a cabo esta trascendental transición. Yo dirigía el taller y había pedido a los participantes que se reunieran en pequeños grupos para reflexionar sobre posibles escenarios para el país, no sobre lo que querían que ocurriera, sino sobre lo que podría pasar.

Mientras estaba controlando a los distintos grupos que trabajaban en diferentes salas del centro de conferencias, entré en la sala del sótano justo en el momento en que Manuel, sentado en un sofá, explicaba un escenario que creía que el equipo debía considerar. «Este escenario, compañeros, se llama "Crecimiento a través de la represión"», dijo. «Es la historia de un gobierno negro de derechas que llega al poder en Sudáfrica y que, al igual que el de Augusto Pinochet en Chile, promueve la libertad económica mientras suprime la libertad política». Con este travieso juego de palabras, Manuel especulaba sobre lo que sucedería si el CNA, al que había sido leal toda su vida adulta, abandonara su ideología socialista.

A continuación, Mosebyane Malatsi, jefe de economía de un partido negro rival, el Congreso Panafricanista (CPA; uno de cuyos lemas era «Un colono [persona blanca], una bala»), se levantó para proponer un escenario que se hacía eco de la esperanza de su partido de que el Ejército Popular de Liberación chino acudiera al rescate de las fuerzas armadas de la oposición y las ayudara a derrotar al gobierno blanco. Yo había pedido a los participantes que respondieran a los escenarios propuestos no diciendo me gusta este escenario o no me gusta, sino preguntando ¿por qué ocurre este escenario? o ¿qué ocurrirá después? Cuando Malatsi contó su historia, los demás miembros del grupo le hicieron estas preguntas; se dio cuenta de que su historia no era plausible, así que se sentó y no volvió a mencionarlo.

El taller de Mont Fleur reunió a adversarios de toda la vida en un periodo de gran confrontación política e ideológica. En este contexto, era notable que Manuel y Malatsi, dos políticos de la oposición, cuestionaran abiertamente las ortodoxias de sus propios partidos. No insistían en que «tenemos la respuesta correcta», ni decían simplemente que «cada uno tiene su propia respuesta». En cambio, de forma relajada y reflexiva, estaban ofreciendo abiertamente su pensamiento, y escuchando el pensamiento de los demás. Defendían e indagaban, y a través de estos movimientos creaban conjuntamente un nuevo vocabulario compartido y una nueva comprensión compartida.

Durante este taller se produjeron muchos incidentes de este tipo, que incluso dos años antes habrían sido inimaginables. Desde 1948, el país estaba gobernado por un gobierno nacionalista blanco que aplicaba el sistema de separación racial llamado *apartheid* (palabra afrikáans que significa «separación»). Los negros, que constituían el 88 % de la población, tenían restringidos por ley la ciudadanía, la vivienda, la tierra, el transporte, el empleo, la educación y los servicios públicos, en condiciones de inferioridad, y no se les permitía moverse libremente por el país, votar, ni tener citas o casarse con personas ajenas a su grupo racial. Las organizaciones negras de oposición estaban prohibidas. Este sistema se aplicaba mediante la prohibición, el encarcelamiento, la tortura y las ejecuciones. Los opositores al apartheid lucharon contra él en el parlamento y los tribunales sudafricanos, mediante la movilización de masas y la resistencia armada, y con boicots y sanciones internacionales. En 1986, el gobierno empezó a derogar las leyes represivas y, en 1990, el presidente F.W. de Klerk liberó a Nelson Mandela (entonces vicepresidente del CNA) después de veintisiete años de prisión y legalizó el CNA, el CPA y otros partidos de la oposición. El gobierno y la oposición empezaron a negociar, primero en secreto, y luego abiertamente, para crear un nuevo régimen político.

En la época de este taller, el país estaba preparado para una transición y una transformación trascendentales, pero nadie sabía cómo se desarrollaría. Las negociaciones se iniciaron y se rompieron. Los grupos de la oposición se manifestaban, bandas sombrías hacían estragos, las fuerzas de seguridad realizaban detenciones y los líderes políticos eran asesinados. El estancamiento político de décadas, en el que la minoría blanca del gobierno era incapaz de controlar a la mayoría de la población negra y la oposición negra era incapaz de derrocar al gobierno, empezaba a desbloquearse y a moverse. Los líderes que acudieron a Mont Fleur lo hicieron porque querían trabajar juntos para entender e influir en lo que estaba ocurriendo. Tanto ellos como el país se enfrentaban a todas las cuestiones fundamentales: contribución y poder, conexión y amor, equidad y justicia.

Cuando llegué al centro de conferencias y entré en la sala de reuniones principal, se habían dispuesto diez mesas rectangulares en un cuadrado con las sillas en el exterior para que los participantes se miraran unos a otros. Retiré las mesas de uno de los bordes del cuadrado para que todos los participantes miraran a una larga pared en la que colgué hojas de rotafolio para que escribieran en ellas. Esta simple reorganización produjo un cambio fundamental en el foco de atención del grupo: en lugar de estar en los demás y en sus ideas individuales, ahora el foco estaba en las ideas que crearían juntos.

El centro de conferencias estaba rodeado de hermosos terrenos y junto a una reserva natural de montaña. Durante los descansos del taller, los participantes jugaban al voleibol y salían a pasear. Estos encuentros distendidos eran extraordinarios en el contexto sudafricano y produjeron interacciones extraordinarias. Personas que nunca habían sido capaces de hablar por encima de las líneas raciales y partidistas ahora lo hacían.

Johann Liebenberg, un afrikáner blanco, era el principal negociador laboral de la Cámara de Minería. La minería era la industria más importante del país, con sus operaciones imbricadas con el sistema de control económico y social del apartheid, así que en este equipo, Liebenberg representaba el archi-establishment. Una tarde, salió a pasear con Tito Mboweni, adjunto de Manuel en el CNA. Liebenberg reflexionó más tarde sobre lo sorprendido que estaba por la franqueza de su conversación y por el hecho de que Mboweni indagara en lugar de limitarse a defender:

Después de la jornada de trabajo, fuimos a dar un largo paseo con Tito Mboweni por un sendero de montaña y simplemente hablamos. Tito era el último tipo de persona con el que habría hablado un año antes: muy elocuente, muy brillante. No nos encontrábamos con negros así habitualmente; no sé de dónde salieron. Los únicos negros de ese calibre que había conocido eran los sindicalistas que se sentaban frente a mí en reuniones de confrontación. Esto era nuevo para mí, sobre todo lo abiertos que eran. No eran personas que se limitaban a decir: «Mira, así es como va a ser cuando tomemos el control un día». Estaban preparados para decir: «Oye, ¿cómo podría ser? Vamos a discutirlo».

Howard Gabriels, antiguo funcionario del sindicato socialista Unión Nacional de Mineros, había sido el adversario de Liebenberg en las brutales negociaciones de la industria. Describió así su encuentro con Liebenberg en Mont Fleur:

En 1987, llevamos a 340.000 trabajadores a la huelga, murieron 15 trabajadores y más de 300 resultaron terriblemente heridos, y cuando digo heridos, no me refiero solo a pequeños rasguños. Era el enemigo, y aquí estaba yo, sentado con este tipo en la habitación cuando esas

heridas aún estaban en carne viva. Creo que Mont Fleur
le permitió ver el mundo desde mi punto de vista y me
permitió ver el mundo desde el suyo.

Gabriels reflexionó más tarde sobre la apertura de la primera ronda de intercambio de ideas sobre escenarios, que incluyó las historias de Manuel y Malatsi:

Lo primero que asustaba era mirar al futuro sin ante-
ojeras. En aquel momento había euforia por el futuro
del país, pero muchos de esos relatos eran del tipo
«Mañana por la mañana abrirás el periódico y leerás
que Nelson Mandela ha sido asesinado» y qué pasaría
después. Pensar en el futuro de esa manera era extre-
madamente aterrador. De repente, ya no estás en tu
zona de confort. Estás mirando al futuro y empiezas a
argumentar a favor de ideas capitalista, de libre merca-
do y de socialdemocracia. De repente, el capitalista
empieza a argumentar ideas propias de los comunis-
tas. Y todos esos paradigmas comienzan a caer.

En otro debate de un grupo pequeño, Liebenberg estaba tomando nota en un rotafolio mientras Malatsi, del CPA, hablaba. Liebenberg resumía tranquilamente lo que decía Malatsi: «A ver si lo he entendido bien: "El régimen ilegítimo y racista de Pretoria..."». Liebenberg era capaz de escuchar y articular la provocadora perspectiva de su enemigo.

Me asombraron estos ejemplos de personas que trabajan juntas de forma tan productiva en medio de un contexto tan complejo, confuso y conflictivo. Eran más abiertos y relajados de lo que yo estaba acostumbrado por mis anteriores experiencias de trabajo en empresas e institutos de investigación, donde las palabras que más oía y decía eran: «Yo tengo la respuesta correcta». Los sudafricanos no insistían en que sus perspectivas fueran las correctas y tuvieran que prevalecer, ni aceptaban simplemente todas las perspectivas como igualmente válidas. Iban y venían entre la defensa de sus puntos de vista y la indagación de los de los demás.

LOS FACILITADORES ABREN

La colaboración entre los participantes que se reunieron en Mont Fleur se apoyó en la facilitación transformadora de los facilitadores. Por *facilitadores*, me refiero a todos los que apoyamos esta colaboración. El proyecto había sido organizado por tres miembros del personal de la Universidad de West Cape, de tendencia opositora: Pieter le Roux, un profesor blanco de desarrollo social; Vincent Maphai, un profesor negro de ciencias políticas; y Dorothy Boesak, una activista comunitaria negra. Me invitaron a ayudarlos a facilitar este proyecto porque querían emplear la metodología de planificación de escenarios para construir un conjunto de historias lógicas sobre futuros posibles.[1] Por aquel entonces, yo era el jefe del equipo de escenarios sociopolítico-económicos globales de Shell, que había sido pionera en el uso de escenarios como herramienta de planificación estratégica para hacer frente a la incertidumbre que se le planteaba en su entorno empresarial. Los consumidores activistas de Norteamérica y Europa habían estado boicoteando a Shell porque se había negado a desinvertir en la Sudáfrica del apartheid, así que cuando se pidió a mis jefes que me prestaran a este proyecto iniciado por la oposición, aceptaron inmediatamente.

Mont Fleur marcó un punto de inflexión en mi forma de trabajar y de ser. Siempre he sido un sabelotodo, y disfruto pensando que estoy en lo cierto. En la escuela tenía confianza y sacaba buenas notas. Mis estudios universitarios de física y economía, y luego mis primeros trabajos en investigación y planificación empresarial, me capacitaron para ver los problemas desde fuera y desde arriba, averiguar la respuesta correcta rápidamente y defenderla con firmeza. Me contrataron en el departamento de planificación de Shell gracias a esta formación y a mi experiencia en el sector de la electricidad y el gas de los Estados Unidos.

Pero, cuando llegué a Shell, empecé a trabajar de una manera nueva, porque en Shell el papel del planificador no era hacer los planes, sino facilitar que los ejecutivos de la empresa los hicieran. Nuestro trabajo se organizaba con precisión y neutralidad: firmar contratos con nuestros clientes (los ejecutivos), realizar entrevistas preparatorias abiertas con ellos, diseñar agendas estructuradas para los talleres, y luego facilitar estos talleres en todo el mundo. Nosotros éramos expertos en el proceso y los ejecutivos eran expertos en el contenido; nosotros hacíamos las preguntas y ellos daban las respuestas.

Este fue el enfoque de facilitación que llevé a Mont Fleur, pero con algunas diferencias cruciales. Sabía que Sudáfrica estaba atravesando una transición histórica; le Roux me había explicado que la mayoría de los participantes que habían invitado se habían pasado la vida luchando por una Sudáfrica mejor, y que muchos de ellos habían estado en el exilio o en la cárcel o en la clandestinidad. Yo no sabía mucho sobre Sudáfrica ni me consideraba interesado en el país. Además, no se trataba de un proyecto de Shell, por lo que no venía con mi propia opinión de experto sobre las cuestiones adecuadas en las que debía centrarse el grupo.

Por lo tanto, llegué a Mont Fleur con lo que era, para mí, un nivel excepcional de respeto, neutralidad, curiosidad, humildad y atención. No lo sabía entonces, pero había cuadrado en la orientación perfecta para la facilitación transformadora, y he pasado las décadas posteriores comprendiendo qué fue lo que hice entonces sin darme cuenta. Me había quedado sin mi botón de «tengo la respuesta correcta», y esto me permitió contribuir con mayor apertura. Seguía aportando mi experiencia, pero sin mi habitual arrogancia. Hice preguntas ignorantes. El maestro budista Shunryu Suzuki escribió: «En la mente del principiante hay muchas posibilidades, pero en la mente del experto hay pocas».[2] Llegué con la mente de un principiante, y los participantes lo notaron. Gabriels me dijo: «Cuando te conocimos, no podíamos creer que alguien pudiera ser tan ingenuo. Estábamos seguros de que intentabas manipularnos. Pero cuando nos dimos cuenta de que en realidad no sabías nada, decidimos confiar en ti».

Todos los que participamos en Mont Fleur —los participantes, los otros facilitadores y yo— llegamos allí con conocimientos que eran importantes para el trabajo que estábamos haciendo. Todos estábamos convencidos de que sabíamos algo que los demás necesitaban aprender. Y también acudimos con franqueza. Muchos de los participantes habían mantenido posiciones férreas por las que habían luchado, asumiendo grandes riesgos y gastando mucha energía durante mucho tiempo. Pero en Mont Fleur, gracias a una combinación de la oportunidad histórica, el marco no partidista del proyecto y el lugar tranquilo en la hermosa naturaleza, se relajaron ante las incógnitas y las oportunidades de su problemática situación. Esta relajación es lo que sorprendió a Liebenberg en su conversación con Mboweni: *«Oye, ¿cómo podría ser?* Vamos a discutirlo». Los tres organizadores tenían perspectivas políticas bien establecidas, pero, sin ocultarlas, habían convocado concienzudamente a un equipo que representaba la diversidad de la sociedad sudafricana (más allá de sus propios amigos y aliados), y trataron con calidez y respeto a todos los que acudieron. Yo aporté la metodología bien establecida de Shell y también mi humildad y curiosidad. La apertura de cada persona habilitó la de los demás, y esto nos permitió crear juntos las nuevas conexiones y las nuevas contribuciones que crearon nuevas posibilidades para el país.

La apertura de Mont Fleur creó nuevas y poderosas posibilidades porque los facilitadores redujeron sistemáticamente los obstáculos a la colaboración. El objetivo del proyecto era encontrar formas para que los sudafricanos rompieran el estancamiento opresivo del sistema del apartheid. Este propósito se materializó en la creación de una isla social unida e igualitaria: todos los participantes tenían la misma oportunidad de contribuir a todas las sesiones, comían todos juntos y todos compartían el mismo tipo de dormitorio modesto con otro participante. Estas medidas desbloquearon drásticamente la contribución, la conexión y la equidad.

La apertura en Mont Fleur también creó nuevas posibilidades para mí. Me enamoré de esta forma colaborativa de realizar la transformación, de la belleza y vitalidad de Sudáfrica y de Dorothy Boesak, la organizadora del proyecto. La experiencia en su conjunto superó mi habitual sensación de aislamiento. En 1993, dimití de Shell, emigré de Londres a Ciudad del Cabo, me lancé a mi vocación de facilitador y me casé con Dorothy (ocho años antes, nuestra unión interracial habría sido ilegal). Nuestra boda tuvo lugar en el Centro de Conferencias de Mont Fleur, una alegre celebración de nuevas posibilidades.

LA CLAVE PARA COMBINAR LA DEFENSA Y LA INDAGACIÓN ES LA APERTURA

La apertura permite a los participantes y a los facilitadores alternar con fluidez entre la defensa y la indagación y, por tanto, superar el polo vertical de «Tenemos la respuesta correcta» y el polo horizontal de «Cada uno tiene su propia respuesta». La apertura evita la desventaja vertical de una única respuesta incorrecta o insuperable y la desventaja horizontal de una cacofonía de respuestas inconexas.

El paso crucial que dieron todos en Mont Fleur fue prestar atención y abrirse a la posibilidad de no tener la respuesta correcta. Su apertura se vio respaldada por el cambio emergente en el país, que implicaba que lo que hacían podía contribuir a crear un futuro nuevo y mejor, y por la metodología de los escenarios, que tomaba como punto de partida que el futuro era fundamentalmente imprevisible y, por tanto, influenciable. La poeta Betty Sue Flowers me dijo que tener dos escenarios es como tener dos pares de gafas diferentes, y que, una vez que uno se siente cómodo con dos formas diferentes de ver el mundo, es fácil imaginar una tercera o una cuarta. Los cuatro escenarios que construyó el equipo de Mont Fleur les permitieron, a ellos y a los grupos con los que compartieron estas narrativas, ver con mayor amplitud y claridad lo que estaba ocurriendo, lo que podía ocurrir y lo que esto significaba para lo que podían y debían hacer.

Una característica básica de todas las situaciones complejas y conflictivas es que no presentan simplemente problemas que tienen solución. Se trata de situaciones problemáticas que diferentes participantes ven como tales desde diferentes perspectivas y por diferentes razones, por lo que ninguna parte interesada puede tener la experiencia o la credibilidad para diagnosticar un problema y prescribir y administrar una solución. Por lo tanto, abogar por una definición correcta del problema y una solución correcta es inadecuado.

La colaboración requiere enfrentarse a la diferencia y al conflicto, en lugar de evitarlos. Los participantes tienen que ir más allá de la actitud vertical «Tenemos la respuesta correcta» y de la horizontal «Cada uno tiene su propia respuesta». Este enfoque es necesario para que los participantes sean capaces de escapar de las respuestas sin salida y descubrir otras nuevas. Los participantes de Mont Fleur no se limitaron a escucharse mutuamente con empatía, sino que también discutieron acaloradamente y durante mucho tiempo para concretar su contribución colectiva a la transformación de su situación.

EL FACILITADOR HACE MOVIMIENTOS

El trabajo de los facilitadores es proporcionar orientación sobre el proceso. No pueden limitarse a hacer la afirmación horizontal: «Cada uno tiene su propia respuesta y hará lo suyo». Tampoco pueden basarse en el dictado vertical, utilizado por los principiantes temerosos: «Yo tengo la respuesta correcta; debéis confiar en mi proceso». Los facilitadores solo pueden ayudar a los participantes si, al igual que ellos, van y vienen entre aportar su experiencia y también escuchar y ajustarse a las necesidades de la situación.

Me capacité para hacer estos movimientos una vez que me trasladé a Sudáfrica y empecé a trabajar como facilitador profesional independiente de colaboraciones dentro y entre empresas, organizaciones de la sociedad civil y el nuevo gobierno. Conseguí mis primeros contratos para proyectos de diferentes miembros del equipo de Mont Fleur. Un día, por ejemplo, hice un corto pero inusual recorrido en Johannesburgo desde una reunión con Liebenberg en la Cámara de Minería hasta otra con Malatsi en el Congreso Panafricanista. Vivir y trabajar en Sudáfrica (y estar recién casado, con cuatro hijastros adolescentes) me proporcionó muchas oportunidades para aprender a trabajar con las diferencias.

Cuando empecé a trabajar como facilitador, desarrollé gradualmente la teoría y la práctica de lo que ahora llamo facilitación transformadora en colaboración con un grupo de investigadores asociados a la Sloan School of Management del MIT. Uno de los modelos fundamentales del cuerpo de trabajo del MIT es la consulta de procesos de Edgar Schein, «que hace hincapié en la necesidad de implicar al cliente en el proceso de averiguar lo que está mal y lo que se puede hacer al respecto»:[3]

> *Los complejos problemas de hoy no son problemas técnicos que puedan resolverse con herramientas específicas. Lo mejor que podemos hacer es encontrar respuestas viables o lo que aquí llamo «movimientos adaptativos». Esto implicará nuevos tipos de conversaciones de tipo más dialógico y abierto. El énfasis en el concepto de «movimientos» es importante en este contexto porque implica una acción sin tener necesariamente un plan o una solución en mente... El movimiento adaptativo no es una «herramienta» más en la bolsa del consultor y no hay fórmulas para saber «qué hacer cuando», ya que depende en gran medida de las complejidades reales de la situación.*[4]

La facilitación transformadora se centra en cinco pares de movimientos realizados por los facilitadores y los participantes. El primer par es el de defender e indagar.

En 1990, el colega de Schein, Peter Senge, escribió un influyente libro titulado *The Fifth Discipline: The Art and Practice of the Learning Organization,* que sintetizaba elementos importantes de este conjunto de trabajos, incluida la importancia de equilibrar la indagación y la defensa.[5] A través de Senge, empecé a trabajar con un consultor empresarial en Sudáfrica, llamado Louis van der Merwe. La cultura de las empresas de allí estaba saturada de verticalidad: uno de nuestros clientes me dijo, mientras me mostraba sus cinco dedos cerrados en un puño, que tenía un «plan de cinco

puntos». Van der Merwe y yo trabajamos para aplicar la facilitación transformadora en este desafiante contexto, y primero me dio
la lección más importante: que, aunque mucha gente pensaba que
la facilitación era solo una forma manipuladora de forzamiento
vertical (como me había dicho Gabriels), lo que hacíamos era fundamentalmente diferente: nuestro papel era permitir a los participantes encontrar su propio camino. Al mismo tiempo, nuestro
enfoque incorporaba implícitamente una ideología igualitaria y
humanista: todos los participantes debían contribuir a resolver las
situaciones problemáticas en las que se encontraban inmersos.

Van der Merwe me enseñó un proceso para un taller de estrategia de tres días que se basaba en los escritos de Senge.[6] Aprendí
a facilitar estos talleres practicando: dirigí quince talleres, semana
tras semana, para todos los equipos de dirección de las divisiones
de una gran empresa industrial sudafricana. Este proceso puso
énfasis en las metodologías para que los directivos desarrollaran
sus estrategias a través de la defensa y la indagación de los conte-
nidos: entradas y salidas que daban a todos la oportunidad de
aportar sus puntos de vista; una serie de conversaciones en las
que se utilizaban rotafolios y notas adhesivas para hacer visibles
las ideas de todos, conectarlas y desarrollarlas de forma iterativa;
y pasos estructurados para preparar las propuestas y decidir cuáles se llevarían adelante. Dentro de la cultura vertical de la empresa, este proceso transformador permitió la participación, el
aprendizaje y el progreso.

El taller también incluía metodologías para que los facilitadores defendieran un proceso concreto y preguntaran por las
opiniones de los participantes al respecto. Presentamos el programa del taller y comprobamos si cumplía con las expectativas
de los participantes. Si surgía alguna cuestión que implicara la
necesidad de cambiar el orden del día, negociábamos con el grupo de forma transparente. Al final de cada día, pedimos a cada

persona su opinión por escrito y la utilizamos para ajustar la agenda del día siguiente.

Utilizamos el mismo conjunto de instrucciones abiertas en todos los talleres, y van der Merwe insistió en que escribiéramos nuestros rotafolios la noche antes de utilizarlos. Le pregunté por qué no habíamos plastificado los rotafolios para poder utilizarlos una y otra vez, y me contestó que la práctica de escribirlos era una forma de ensayar el taller en nuestra cabeza, de modo que estuviéramos preparados y relajados, y fuéramos capaces de responder a lo que pudiera surgir, de estar plenamente presentes en la situación. Escribimos todo a mano en rotafolios en lugar de hacer diapositivas de PowerPoint, para que estos artefactos pudieran permanecer visibles durante todo el taller, y también para mostrar que todas estas instrucciones eran borradores y podían ser reelaboradas según fuera necesario. Esta fue mi introducción en los pequeños, simples y sutiles movimientos y cambios que son la base de la facilitación transformadora.

Como aprendiz de facilitador, yo tenía ganas de adquirir más metodologías. En su biblioteca personal, van der Merwe tenía una colección de ejercicios de taller publicados anualmente por Pfeiffer & Company, y le insistí para que me dejara estudiarlos. Al final, llevó toda la pila a la mesa de la cocina donde yo estaba sentado y me dijo que podía leerlos, pero que no me servirían de mucho.

Y tenía razón: a lo largo de las décadas transcurridas desde entonces, he ido añadiendo nuevas metodologías a mi repertorio, quizá una al año, normalmente a través de la colaboración con un nuevo colega que tiene una experiencia diferente. Pero mi creciente competencia como facilitador no se debe principalmente al aprendizaje de nuevas metodologías. Procede, más bien, de estar atento, en las situaciones específicas con las que he estado trabajando, a la mejor manera de emplear los cinco pares de movimientos externos y los cinco cambios internos que este libro describe.

EL FACILITADOR ABRE SU DISCURSO Y SU ESCUCHA

Cuando estaba en Shell, mi maestro de facilitación fue el jefe del departamento de escenarios, Kees van der Heijden. En la forma en que dirigía nuestro equipo y trabajaba con los ejecutivos de la empresa para garantizar que nuestro trabajo les resultara útil, él ejemplificaba los enfoques que ahora reconozco como consulta de procesos y facilitación transformadora.[7] Era a la vez exigente y humilde, e insistía en que utilizáramos nuestra experiencia en metodologías de escenarios y estrategias de forma que ayudáramos a nuestros clientes a abordar los problemas que les preocupaban.

La conexión clave entre nosotros y los ejecutivos se produjo en las entrevistas dialogadas, en las que hacíamos preguntas abiertas para sonsacar sus preocupaciones y preguntas sobre la situación problemática que estaban afrontando. Estas interacciones individuales son un ejemplo de facilitación transformativa: el entrevistador-facilitador utiliza su curiosidad genuina para ayudar al entrevistado-participante a aclarar sus ideas sobre lo que está pasando y lo que debe hacer al respecto.

En esta interacción, la habilidad crucial que se requiere del facilitador es la de escuchar sin juzgar y con empatía: escuchar lo que la parte interesada está diciendo, en lugar de lo que el facilitador piensa que debería decir. Una vez me senté junto a van der Heijden mientras entrevistaba a un ejecutivo, y después comparamos nuestras notas. Me sorprendió ver cuánto de lo que había dicho el ejecutivo no había escuchado yo porque había estado distraído con mis propias reacciones, juicios y proyecciones. Escuchar es sencillo, pero no es fácil.

Cuando más tarde empecé a trabajar como facilitador independiente, uno de mis colaboradores fue Otto Scharmer, un colega de Schein y Senge en el MIT. Scharmer diferencia entre cuatro modos de hablar y escuchar: descarga, debate, diálogo y «presenciación».[8]

Descarga

El primer modo es la descarga. En la modalidad de descarga, la gente dice lo mismo de siempre, como si estuviera descargando una grabación de Internet. Se descargan porque creen que lo que dicen es lo único que pueden decir en una situación determinada, ya sea porque están seguros o son demasiado educados o tienen miedo de decir algo nuevo. La descarga es pura defensa y un síntoma típico de la facilitación vertical (La verdad es...) y de la facilitación horizontal (Yo tengo mi propia verdad). La facilitación transformadora requiere escapar de la descarga.

En la descarga, las personas no escuchan en absoluto. Solo están recargando: esperan a que la boca de la otra persona deje de moverse para poder decirle de nuevo cuál es la verdad. No escuchan lo que dicen los demás ni lo que ocurre fuera de ellos; solo prestan atención a sus propios pensamientos sobre la situación. Tal vez ni siquiera diferencian entre sus pensamientos sobre la situación y la situación en sí. Proyectan sus pensamientos sobre la situación: podrían imaginar que andan con un foco en la frente que ilumina lo que sucede, pero en realidad no es un foco sino un proyector.

Debate

El segundo modo de hablar y escuchar es el debate. El modo de debate es un choque de ideas: cada persona dice lo que piensa (En mi opinión...). El modo de debate de la escucha es desde fuera, de forma objetiva, como un juez en un debate o en un tribunal (Esto es correcto y esto es incorrecto). Este modo es más abierto que el de descarga porque la gente expresa y escucha diferentes puntos de vista y es consciente de que son opiniones y no simples verdades. Debatir implica tanto defender como indagar.

Diálogo

El tercer modo de hablar y escuchar es el diálogo. El modo de diálogo es autorreflexivo (En mi experiencia…). Este modo de hablar no solo implica el «yo pienso», sino también el «yo siento» y el «yo quiero». El modo dialogante de escuchar a los demás es como si se diera desde dentro de ellos, con empatía y subjetividad (Escucho de dónde vienes). Dialogar implica, más abiertamente, defender e indagar.

Presenciación

El cuarto modo de hablar y escuchar es la «presenciación». Este neologismo combina la pre-sensación (percibir lo que está en proceso de ser) y el estar plenamente presente (atento y sin distracción). En este caso, las personas no escuchan simplemente desde la perspectiva de una u otra, sino desde el sistema más amplio (Lo que estoy notando aquí y ahora es…). Cuando estoy en un grupo que «presencia», parece que hubieran desaparecido los límites entre las personas, de manera que cuando una persona habla, articula algo para todo el grupo o sistema, y cuando escucho, es a todo el grupo o sistema. La presenciación es una forma totalmente abierta de participar en la defensa y la indagación.

Unos años después de trasladarme a Sudáfrica, Dorothy y yo cofacilitamos un taller de estrategia para el Sínodo de Obispos

Anglicanos de la región. El primer día, hablamos de las normas para la reunión que les permitirían ir más allá de la descarga: más allá de la reproducción de sus perspectivas y posiciones existentes. Un obispo sugirió: «Debemos escucharnos unos a otros». Un segundo dijo: «No, hermano, no es eso. Debemos escuchar con empatía». Y un tercero dijo: «Eso no es exactamente lo que necesitamos. Debemos escuchar lo sagrado dentro de cada uno de nosotros». Con estas tres sugerencias, los obispos se hicieron eco del modelo de Scharmer de debatir, dialogar y presenciar. Presenciar es hablar y escuchar desde el potencial más elevado del grupo o sistema.

EL FACILITADOR SE ABRE A TRAVÉS DE TRES CAMBIOS

El modelo de Scharmer me ha parecido especialmente útil por su descripción de tres prácticas específicas para pasar de un modo de hablar y escuchar más cerrado a otro más abierto: suspender (abrir la mente), redirigir (abrir el corazón) y dejar ir (abrir la voluntad).

Suspender

Suspender es una práctica crucial porque es el primer paso para alejarse de la espiral descendente de descargas verticales y horizontales y acercarse a la facilitación transformadora. Suspender significa que una persona reconoce que sus pensamientos sobre lo que está ocurriendo pueden no ser descripciones exactas de lo que realmente está ocurriendo. Toma sus pensamientos y los cuelga delante de sí, como si hubiera una cuerda, para que esa persona y los demás puedan ver y preguntar sobre estos pensamientos, y para que puedan cambiarlos, si lo desean. Cuando Manuel contó la historia del «Crecimiento a través de la represión», estaba suspendiendo la plataforma de su partido del «Crecimiento a través de la redistribución», que más tarde ayudó a remodelar. Cuando Malatsi contó su historia de China al grupo y luego optó por escuchar sus preguntas, estaba suspendiendo la línea oficial de su partido, que más tarde también ayudó a remodelar.

La suspensión es una práctica tan importante para la facilitación transformadora que muchos de los ejercicios que Reos utiliza en los talleres están específicamente diseñados para demostrarla y posibilitarla. Por ejemplo, a menudo pedimos a los participantes que escriban sus ideas en notas adhesivas, hojas de papel de rotafolio o una pizarra física o virtual, de modo que puedan ser vistas y cuestionadas fácilmente por todos, reordenadas, reescritas y quizás descartadas o borradas. También les pedimos que utilicen ladrillos de juguete para construir modelos físicos que representen su pensamiento individual y colectivo sobre su situación actual y cómo podrían cambiarla, lo que permite a la gente mostrar y revisar sus ideas (y las conexiones entre ellas) con más facilidad y fluidez que si tuvieran que gestionar las palabras adecuadas para escribirlas.[9] Al permitir que los participantes suspendan su pensamiento, todos estos métodos les permiten moverse con fluidez entre la defensa y la indagación y, por tanto, avanzar.

Otro ejercicio para suspender es utilizar la retroalimentación colaborativa. Un grupo de personas que ha estado trabajando en algo presenta los resultados preliminares a un segundo grupo. El segundo grupo da su opinión y hace preguntas. El primer grupo debe tomar nota de esta retroalimentación pero no debe dar ninguna respuesta. (Después, los dos grupos cambian los papeles y, a continuación, se reúnen por separado y deciden qué quieren hacer con los comentarios que han recibido). Las dos partes de este ejercicio son poco convencionales: el segundo grupo debe dar una respuesta que pretende ser útil, no (como es habitual) para mostrar lo inteligentes que son, y el primer grupo debe escuchar la retroalimentación para ver lo que es útil, y no (como es común) ocupar todo su tiempo reexplicando y defendiendo sus resultados. Este ejercicio hace hincapié en la suspensión para fomentar la utilidad y el progreso.

El juego también nos ayuda a relajar nuestro férreo control de las ideas. Mi colega Ian Prinsloo, antiguo director de teatro, me ha enseñado lo valiosos que pueden ser los juegos y las técnicas para romper el hielo porque reducen la jerarquía y la formalidad, que impiden la contribución, la conexión y la equidad y, por tanto, limitan la colaboración creativa.

Es necesario crear un espacio físico-político-psicológico en el que los participantes puedan sentirse lo suficientemente seguros como para relajarse y prestar atención a lo que está ocurriendo en ese momento, en lugar de distraerse con lo que ha ocurrido en otro momento o está ocurriendo en otro lugar. Por eso le sugerimos al grupo la regla o norma básica de «estar presente» y pedimos a los participantes que apaguen y guarden sus teléfonos móviles. La descarga es vivir dentro de la propia burbuja de pensamientos, preocupaciones y hábitos; la suspensión requiere salir de esa burbuja y ver de nuevo lo que ocurre alrededor.

Redirigir

La segunda práctica, para pasar del debate al diálogo es la redirección. Redirigir significa escuchar no desde fuera sino desde dentro de otro. Por ejemplo, cuando me esfuerzo por escuchar empáticamente en una entrevista de diálogo con una parte interesada, me imagino a mí mismo literalmente hablando desde dentro de ella. Gabriels se refería a la reorientación cuando decía que su encuentro con Liebenberg «le permitió a él ver el mundo desde mi punto de vista y me permitió a mí ver el mundo desde el suyo».

Ver la situación desde la perspectiva de los demás requiere tener algún tipo de conexión y relación con ellos. Por eso insistimos tanto en las actividades que permiten establecer conexiones informales, horizontales y personales. En Mont Fleur estas actividades incluían comer y beber juntos (una bodega vecina había donado varias cajas de excelente vino sudafricano) y dar paseos por la montaña. A menudo celebramos también sesiones en las que los participantes pueden compartir historias personales de sus vidas que de alguna manera iluminan el tema que estamos tratando, lo que ayuda a todos los participantes a ver su situación desde otros puntos de vista y a conectar con los demás de forma más personal.

En 1986, el psicólogo humanista estadounidense Carl Rogers visitó Sudáfrica para impartir una serie de cursos de formación, a los que Van der Merwe asistió y a los que luego se refería con frecuencia. La habilidad de Rogers para la escucha empática era legendaria; su enfoque terapéutico hacía hincapié en tratar a los demás con «consideración positiva incondicional».[10] Pero en una reunión pública con facilitadores, un joven blanco, rubio y de ojos azules le hizo una pregunta sobre la raza. Rogers se dio cuenta de que tenía problemas para escuchar al hombre debido a la dinámica que llevaba dentro, y tuvo que pedirle que repitiera su pregunta varias veces. Finalmente, Rogers se disculpó diciendo: «No lo escucho. Debe haber algo en mí que me impide escucharlo». Al parecer, incluso Rogers tenía límites en su capacidad de reorientación. Más adelante, en esa misma conferencia, Rogers hizo una afirmación que Van der Merwe suele destacar como supuesto fundacional de la facilitación transformadora: «Tengo una confianza inquebrantable en la sabiduría de un grupo para saber lo que tiene que hacer a continuación, siempre que todos los recursos del grupo estén a su disposición». Un grupo puede encontrar su camino hacia adelante si, y solo si, desbloquea la contribución y la conexión equitativas.

Dejar ir

La tercera práctica, para pasar del diálogo a la presenciación, es dejar ir. A veces, un equipo puede progresar si está de acuerdo, mediante el debate o el diálogo, con una perspectiva u opción que uno de sus integrantes había planteado anteriormente. Pero lo más frecuente es que tengan que crear juntos nuevas perspectivas u opciones. Mi experiencia en este cambio hacia la presenciación es que todos vemos algo que es importante, pero no viene de uno de nosotros sino de entre nosotros, como si creciera desde el centro de nuestro círculo. Esto requiere dejar de lado, al menos por un tiempo, nuestras propias ideas e historias. Esta fue la experiencia confusa a la que Gabriels se refirió cuando dijo que «todos esos paradigmas establecidos empezaron a caer», y que yo tuve cuando mi habitual coraza protectora se abrió con mi experiencia en Mont Fleur. El escenario de «Ícaro», una historia sobre las políticas económicas populistas que hacen colapsar la economía, que fue la contribución más importante del proyecto al debate nacional sobre la transición, fue el producto de ese dejar ir, especialmente por parte de Manuel, Mboweni y Malatsi, que habían estado protegiendo encarnizadamente las políticas económicas de sus partidos que este escenario ponía en cuestión.

LA APERTURA CREA NUEVAS POSIBILIDADES

Los facilitadores emplean la apertura, la modelan y la enseñan para poder alternar entre la defensa y la indagación, para comprender lo que está sucediendo y así poder tomar decisiones bien fundamentadas sobre lo que hay que hacer a continuación. Además, la apertura es fundamental para los otros cuatro pares de movimientos y para los otros cuatro movimientos.

Mi experiencia de apertura en Mont Fleur me permitió descubrir el enfoque de la facilitación transformadora y también mi vocación de emplear y desarrollar este enfoque. Pero la apertura que experimenté entonces, y otros avances que he hecho desde entonces, no se lograron de una sola vez. He tenido que practicar estos movimientos y aprender estas lecciones una y otra vez; a menudo he encontrado un camino para avanzar y luego lo he perdido y he tenido que volver a encontrarlo.

Después del taller en Colombia en el que había hablado con Francisco de Roux, este me invitó a impartir un seminario sobre los métodos de Reos a los miembros recién nombrados de su Comisión de la Verdad. Cada uno de ellos tenía diferentes puntos de vista, apasionados sobre lo que debían hacer para cumplir su abrumadora misión de permitir la sanación nacional, y De Roux insistió en que presentara el modelo de los cuatro modos de hablar y escuchar. Hicimos un breve ejercicio que consistía en probar estos modos en secuencia. Luego, les pregunté a los participantes si el ejercicio había cambiado algo para ellos, y uno de ellos dio una respuesta sencilla y práctica: «Descubrí que tenía más opciones de las que creía». Al final del seminario, De Roux resumió lo que el grupo había logrado: «Me parece que nuestra situación se ha vuelto más maleable, como ocurre con la plastilina al amasarla».

En la facilitación transformadora, los facilitadores practican la *apertura* para hablar y escuchar, y al hacerlo animan a los participantes a hacer lo mismo. Esta práctica fundamental de la facilitación transformadora permite que todos se muevan con fluidez entre la *defensa* y la *indagación* y, por lo tanto, continúen profundizando su comprensión de lo que está sucediendo y de lo que necesitan hacer. A lo largo del desarrollo de una colaboración, los facilitadores y los participantes tienen que seguir haciendo estos movimientos y este cambio, una y otra vez.

7

¿CÓMO DEFINIMOS EL ÉXITO?

CONCLUIR Y AVANZAR

El objetivo de la facilitación transformadora es ayudar a las personas a transformar su situación problemática. La segunda pregunta con la que deben trabajar los colaboradores, una y otra vez, es ¿cómo definimos el éxito en la transformación de nuestra situación?

En la facilitación vertical, los participantes definen el éxito como una *conclusión:* hacer un trato, un pacto o un acuerdo. Dicen: «Tenemos que ponernos de acuerdo». El facilitador se centra en posibilitar dicho acuerdo. La ventaja de este enfoque es que proporciona una línea de meta clara y definitiva para trabajar. La desventaja de hacer demasiado hincapié en este enfoque, sin dejar espacio para el pragmatismo sobre los acuerdos posibles y útiles, es que define una ventana de éxito que puede ser demasiado estrecha: llegar a un acuerdo puede ser más de lo que la colaboración es capaz de lograr (porque los participantes no están dispuestos a ponerse de acuerdo o no son capaces de hacerlo), o puede ser menos (porque los participantes quieren ir más allá de llegar a un acuerdo, para alcanzar otros resultados).

En la facilitación horizontal, los participantes definen el éxito como un *avance*. Dicen: «Cada uno de nosotros tiene que seguir avanzando, ya sea juntos o por separado». El facilitador se centra en permitir ese movimiento. La ventaja de este enfoque es que se centra en dar pasos pragmáticos, incluso si son parciales o desordenados o no incluyen a todo el mundo. El inconveniente de hacer demasiado hincapié en este enfoque, sin una línea de meta clara, es que valora la actividad por encima de los resultados, por lo que los participantes pueden encontrar que los resultados que acaban produciendo son insatisfactoriamente dispersos e insustanciales.

Como he dicho en el capítulo anterior, la facilitación transformadora realiza un ciclo entre dos polos para obtener lo mejor de ambos y evitar lo peor. En este caso, el facilitador ayuda a los participantes a ir y venir entre las conclusiones provisorias y la construcción de estas conclusiones para seguir avanzando.

Para poder alternar entre estos dos movimientos externos, el cambio interior que se requiere del facilitador —la forma específica de prestar atención— es el *discernimiento*. Esto significa trabajar de forma reflexiva con la dimensión del tiempo, estando atento a cuándo reducir la velocidad y cuándo acelerarla, cuándo acordar y cuándo desacordar, cuándo mantener el trabajo sin forma y fluido y cuándo captar la solidez que ha cristalizado y, en última instancia, cuándo concluir y terminar la colaboración.

La segunda elección básica que debe hacer el facilitador, momento a momento y una y otra vez, es esta: ¿Me concentro en concluir o en avanzar?

UN GRUPO DECIDE NO PONERSE DE ACUERDO

En junio de 2004, en la ciudad de Bergen (Países Bajos), celebramos el taller de lanzamiento de un proyecto de dos años llamado

Laboratorio de Alimentación Sostenible.[1] El objetivo de este proyecto era hacer más sostenibles los principales sistemas alimentarios. En el taller participaron líderes de organizaciones agrícolas regionales, empresas alimentarias mundiales, minoristas, bancos, fundaciones filantrópicas, agencias gubernamentales y organizaciones no gubernamentales de medio ambiente y desarrollo de toda América y Europa. Todos ellos habían acudido al taller porque estaban preocupados por el hecho de que el sistema alimentario principal fuera o pudiera llegar a ser pronto insostenible, desde una u otra perspectiva: pérdida de suelo, contaminación del agua, disminución de la biodiversidad, inseguridad de las cadenas de suministro, inasequibilidad, insatisfacción de los consumidores, la vulnerabilidad de las economías locales o los medios de vida y la salud de los agricultores y trabajadores agrícolas. También tenían profundos y antiguos desacuerdos sobre cuáles de estos temas eran más importantes y qué había que hacer. Por ejemplo, no estaban de acuerdo en si era importante apoyar a los pequeños agricultores o promover la agricultura industrial.

El taller se desarrolló bien. Los participantes estaban contentos de conocerse a través de sus diferencias y de contemplar su situación desde múltiples ángulos. Se organizaron mesas redondas, diálogos con todo el grupo, sesiones de trabajo y visitas a granjas, fábricas y tiendas de alimentos. El grupo estaba entusiasmado con la perspectiva de trabajar juntos para descubrir y poner en práctica formas de abordar la situación problemática que a todos les preocupaba.

El último día, durante una conversación plenaria que yo facilitaba, uno de los participantes dijo que antes de poder avanzar necesitábamos, como grupo, ponernos de acuerdo sobre nuestra definición de *sostenible*. Esta sugerencia me pareció lógica: el grupo no podría ponerse de acuerdo sobre cómo avanzar hasta que no se pusiera de acuerdo sobre lo que constituía un avance.

Pero también percibí que, en esta fase inicial del proceso, el entendimiento y la confianza compartidos por el grupo eran inadecuados para llegar a un acuerdo sobre una cuestión tan complicada e importante, y que intentar hacerlo rompería el impulso colectivo que estaban construyendo.

Los participantes decidieron no intentar ponerse de acuerdo sobre la definición, y seguimos adelante. A pesar de esta ambigüedad, o debido a ella, siguieron trabajando juntos y han continuado haciéndolo durante más de quince años; el proceso les ha resultado valioso durante mucho más tiempo que los dos años que los iniciadores, Hal Hamilton y yo, habíamos previsto en un principio. A lo largo de este periodo han hecho importantes contribuciones para lograr un sistema alimentario más sostenible, incluyendo la gestión del suministro de agua y las emisiones de gases de efecto invernadero, la mejora del rendimiento medioambiental y social de las cadenas de suministro de productos básicos, la reducción del desperdicio de alimentos y el aumento de los ingresos de los pequeños agricultores. Resulta que es posible realizar muchos avances útiles, aunque no se acuerden con precisión ciertas cuestiones básicas.

Los participantes y facilitadores del Laboratorio de Alimentación han logrado alternar entre la conclusión y el avance. Son personas pragmáticas y están comprometidas para producir resultados sobre el terreno. Sus conexiones con la agricultura les han proporcionado metáforas útiles para este ritmo cíclico o estacional: que se requiere una paciente labor para permitir que crezcan cosas nuevas; que el crecimiento puede facilitarse (especialmente mediante la eliminación de obstáculos), pero no forzarse; que el aprendizaje sobre cómo permitir el crecimiento a menudo proviene de la prueba y el error prácticos; y que las cosas que no crecen (que mueren) pueden, no obstante, convertirse en abono para proporcionar alimento para la siguiente prueba.

Hamilton me dijo que la tensión en torno a los objetivos de las iniciativas del Laboratorio de Alimentos ha persistido en todo momento. Por un lado, la definición de objetivos mensurables proporciona una claridad que permite que las iniciativas sean aprobadas por los patrocinadores y sean gestionadas. Por otro lado, esas definiciones suelen limitarlas a la obtención de resultados más pequeños o limitados.

Observo esta misma tensión creativa en mi papel de gestor. Reos Partners es una empresa social global que opera mediante la colaboración continua entre múltiples entidades legalmente independientes situadas en todo el mundo. Avanzamos juntos a través de un continuo ir y venir entre actuar por separado según los imperativos que cada entidad percibe (a veces no totalmente alineados), y llegar a acuerdos (a veces complicados compromisos) para alinearnos. A veces elegimos seguir adelante a pesar del desacuerdo, y a veces nos detenemos para resolver un desacuerdo. Este ciclo no directo entre concluir y avanzar requiere discernimiento.

UN GRUPO DECIDE PONERSE DE ACUERDO

A veces, como en el taller del Laboratorio de Alimentación, un grupo considera más importante avanzar que ponerse de acuerdo. Otras veces ocurre lo contrario, y es necesario llegar a un acuerdo. Mis colegas y yo habíamos trabajando durante cuatro meses con un equipo de líderes cívicos de Carolina del Sur sobre cómo transformar su sistema de educación primaria y secundaria, crónicamente ineficaz y desigual. Se reunían precisamente antes de presentar sus conclusiones en una reunión pública, y cientos de años de dolor y polarización llegaron de repente a un punto crítico. Su desacuerdo se centraba en una palabra del texto que iban a compartir, una palabra que ponía de manifiesto las profundas divisiones en el equipo y en el sistema que representaban y trataban de cambiar.

Uno de los miembros del equipo, un empresario blanco conservador, se opuso a la inclusión de la palabra *racismo* en la presentación porque consideraba que culpaba injustamente a los blancos actuales de las injusticias históricas. Otro miembro, una administradora de escuela negra, se molestó por su falta de voluntad para reconocer el privilegio y la discriminación sistémicos de los blancos contra los negros que ella había presenciado y sufrido. La tensión en la sala aumentó, pero el equipo pensó que su presentación debía ser inequívoca en este punto, y se acordó incluir la palabra. Esta presentación y el proyecto fueron fundamentales para la transformación de ese sistema escolar. Para progresar, los grupos suelen tener que ponerse de acuerdo y concluir. La elección de una o varias soluciones de entre las muchas posibles implica una selección o un recorte. Los facilitadores deben guiar este proceso con cuidado —quizás a través de múltiples deliberaciones de todo el grupo o de un comité, junto con encuestas o votaciones— para evitar una elección prematura o una que fracture el grupo.

LOS GRUPOS PUEDEN AVANZAR ALTERNANDO ENTRE ESTAR DE ACUERDO Y NO ESTARLO

He observado esta tensión y alternancia entre concluir y avanzar durante varias décadas en mi trabajo con varios grupos que intentan crear la paz en Colombia. En 1995, mucho antes del taller de 2017 al que me referí en la introducción, fui invitado por el empresario Manuel José Carvajal y el político Juan Manuel Santos para hablar de mi experiencia en Mont Fleur a un grupo de Bogotá que estaba interesado en organizar un proyecto similar para Colombia. En ese momento, el conflicto armado nacional estaba en su punto álgido, y entre los asistentes a la reunión había una amplia gama de líderes de todas esas divisiones: diferentes partidos políticos, militares, empresarios, académicos y rebeldes y caudillos de izquierda y de derecha. Un líder de la guerrilla de las FARC también se unió a la reunión por teléfono desde su escondite en las montañas de la ciudad. Cuando terminé mi presentación, el guerrillero me hizo una pregunta para la que no estaba preparado: ¿Tendrían las FARC que aceptar un alto el fuego para poder participar en los talleres propuestos? Después de pensarlo, le contesté que el único requisito para participar era la disposición a escuchar y hablar. Mi respuesta lo satisfizo.

En 1996 se puso en marcha el proyecto Destino Colombia. Se invitó a participar a cuatro líderes de los grupos guerrilleros ilegales, y el gobierno les ofreció un pasaje seguro para asistir a los talleres, pero los líderes guerrilleros temían una trampa y, por tanto, participaron en los nueve días de talleres por teléfono con altavoz (tres desde la cárcel, uno desde un lugar desconocido fuera del país), un ejemplo temprano y eficaz de cómo emprender una colaboración compleja con un grupo distribuido. La participación de esos líderes ayudó a que el proyecto y el informe que produjo, sobre diferentes opciones para abordar el conflicto, contribuyeran a su posterior resolución.[2] En este caso, la exigencia de un acuerdo previo sobre un aspecto importante (un alto el fuego) del resultado que se pretendía obtener (la resolución del conflicto) habría impedido que el grupo se pusiera en marcha. Así que, al igual que en el Laboratorio de Alimentos, no estar de acuerdo en un momento dado permitió llegar a un acuerdo más adelante.

Veinte años más tarde, en 2016, Juan Manuel Santos era presidente de Colombia, y finalmente logró firmar un conjunto de acuerdos de paz con las FARC, por lo que fue galardonado con el Premio Nobel de la Paz de ese año. El día en que se anunció su premio, se refirió a aquella primera reunión de 1995 como «uno de los acontecimientos más significativos en la búsqueda de la paz del país».[3]

Me alegró que Santos reconociera nuestro trabajo, pero no entendía por qué, después de tantos años, lo había hecho. Durante las décadas transcurridas se habían realizado muchos esfuerzos para resolver el conflicto: docenas de mediaciones locales, una enorme campaña militar para pacificar el país (que él había dirigido mientras era ministro de Defensa) y años de negociaciones entre el gobierno y las FARC.

Unos meses más tarde estuve en Bogotá para realizar una entrevista pública con Santos, y le pregunté por qué había mencionado a Destino Colombia. Me contestó: «A menudo me refiero a este proyecto porque en él aprendí que, en contra de todo lo que he aprendido, *es* posible trabajar con personas con las que no estás de acuerdo y con las que nunca lo estarás». Esta respuesta me pareció esclarecedora, porque los facilitadores suelen imaginar que, si los participantes se reunieran y hablaran, descubrirían que realmente están de acuerdo. Pero Santos hacía hincapié en un escenario más común y desafiante: participantes que se reúnen y no están de acuerdo, pero aun así necesitan encontrar una manera de trabajar juntos. Quería asegurarme de que no estaba malinterpretando el punto de vista de Santos, así que le pedí a mi colega colombiano Joaquín Moreno su interpretación. «Mucha gente ve a Santos como un traidor», dijo. «En Colombia no tenemos una cultura de "estar de acuerdo con el desacuerdo". Si no estás de acuerdo conmigo, especialmente en público, debo destruirte». Esto es cierto en muchas culturas nacionales y organizativas, en las que la gente define el consenso como «Estás de acuerdo conmigo» y la colaboración como «Lo hacemos a mi manera».

Santos estaba haciendo una observación que muchos políticos entienden, pero muchos otros no: las colaboraciones importantes suelen requerir tanto el no acuerdo como el acuerdo. Los acontecimientos ocurridos en Colombia desde la firma del detallado acuerdo de paz de 297 páginas subrayan este punto de otra manera: aunque el acuerdo fue celebrado por muchas personas dentro del país e internacionalmente, solo puso fin a una fase del conflicto (la guerra entre el gobierno y las FARC) y comenzó otra (otras formas de violencia física y estructural). En el mejor de los casos, el acuerdo fue un resultado provisional en el camino hacia la paz. Ese conflicto, como todos los desafíos complejos, no es simplemente un problema que se puede resolver: es una situación problemática con la que solo se puede trabajar y a través de la cual se puede trabajar.

El investigador matrimonial John Gottman hace una observación similar sobre la falta de acuerdo en las parejas: «El sesenta y nueve por ciento... de los conflictos matrimoniales son perpetuos, lo que significa que formarán parte de sus vidas para siempre, de una forma u otra... Puede que [las parejas felices] no amen estos problemas, pero son capaces de enfrentarse a ellos, de evitar situaciones que los empeoran y de desarrollar estrategias y rutinas para afrontarlos».[4] Lo que quiere decir Gottman es que las parejas felices tienen la capacidad de distinguir entre lo que hay que acordar y aquello con lo que simplemente se vive.

El entusiasmo de Santos por el proyecto Destino Colombia me dio la oportunidad de trabajar en otra situación problemática de larga data. En 2012, convenció a sus treinta y un pares jefes de Estado de los países de América para que encargaran un proyecto hemisférico de múltiples partes interesadas en busca de nuevas opciones para tratar «el problema de las drogas en América».

El proyecto fue organizado por la Organización de Estados Americanos (OEA), y yo dirigí el equipo de facilitación.[5] Al principio me ocupé de este encuadre de la compleja situación —con sus dimensiones entrelazadas en relación con la seguridad, la salud, lo social, lo económico, lo político y lo internacional— simplemente como un problema. Pero a medida que aprendía más sobre la historia de la política de drogas, comprendí que esta rígida adhesión vertical a una definición particular del problema (la producción, el transporte y el consumo de ciertas sustancias tóxicas), un tipo particular de solución (prohibición, interdicción y criminalización) y un conjunto permanente de acuerdos (los tres tratados internacionales de control de drogas de 1961, 1971 y 1988) fueron fundamentales en el fracaso de cincuenta años de esfuerzos para abordar esta situación.

El proyecto era de alto nivel y emocionante. Creamos un equipo de facilitación compuesto por personal de la OEA, Reos y el Centro Colombiano de Liderazgo y Gestión. Juntos convocamos a un equipo de cuarenta y seis líderes de todos los países de América y de los sectores involucrados en la regulación de drogas: política, seguridad, negocios, salud, educación, pueblos indígenas, organizaciones internacionales, sistema de justicia y sociedad civil. El proceso incluyó dos talleres de tres días en Panamá, pero yo trabajé en este proyecto todos los días durante un año entero, organizando el trabajo preparatorio y de seguimiento, negociando entre los gobiernos y los participantes, redactando documentos y manteniendo nuestros equipos alineados. Facilitar un proceso para abordar una situación problemática implica mucho más que organizar talleres.

A medida que nuestro equipo de facilitación comenzaba a trabajar en conjunto, se pusieron de manifiesto las diferencias en nuestros enfoques de la facilitación. La cultura de facilitación de la OEA, una organización intergubernamental con personal político y diplomático, tendía a ser formal y vertical, y la de Reos, informal y horizontal. En el vaivén diario de nuestro equipo —a menudo tenso, a veces divertido— pusimos en práctica la facilitación transformadora proactiva.

Los talleres, con un gran grupo reunido para tratar un tema complejo e importante con un enfoque desconocido durante tres largos días, fueron complicados y acalorados. Después de una sesión en la que había estado totalmente atento y en estado de fluir, distinguiendo con éxito cuándo concluir y cuándo avanzar, uno de mis colegas observó con aprobación que había dominado el campo como un gran jugador de fútbol. Esta imagen de ir de un lado a otro, con rapidez y fluidez, trabajando con la situación que se presenta, es una buena ilustración de la práctica de la facilitación transformadora.

Durante el segundo taller ocurrió algo importante e inusual. Los participantes convergieron en un conjunto de conclusiones innovadoras sobre tres formas diferentes, más que una sola, de definir el problema (como coordinación de la seguridad, salud pública o cohesión de la comunidad), cada una de las cuales implicaba un tipo de solución diferente. A continuación, un participante propuso una cuarta opción radical que centraba el problema en tratados internacionales injustos que hacían que países de tránsito de drogas, como México, sufrieran por la demanda de los países consumidores de drogas, como los Estados Unidos, lo que implicaba una solución de derogación de los tratados.

Normalmente, una vez que un grupo está a punto de concluir («Tenemos que ponernos de acuerdo»), se muestra reacio a incorporar una nueva idea. Pensé que esta nueva idea podría ser valiosa y sugerí a quien la había propuesto que la desarrollara más a fondo con algunos otros participantes. Así lo hizo y la volvió a presentar a todo el grupo para defenderla tres veces antes de que aceptaran incluirla en el informe final, a pesar de la férrea oposición de los gobiernos (especialmente el de los Estados Unidos) que no querían que se cuestionaran los tratados.

El informe de este proyecto abrió un debate, hasta entonces cerrado, sobre la regulación de drogas entre los gobiernos del hemisferio y del mundo, en el que los distintos gobiernos experimentaron con políticas diferentes para hacer frente a su propia situación (Cada uno tiene que avanzar).[6] En este proyecto, pues, tanto dentro de este taller como en el proceso intergubernamental más amplio, los participantes solo fueron capaces de debatir nuevas opciones una vez que pudieron reconsiderar los acuerdos previos.

Si llegar a acuerdos es un polo de la facilitación, ¿cuál es el otro? Es encontrar formas de avanzar mientras se mantiene la relación. En el primer taller del Laboratorio de Alimentación, percibimos que, en esa fase inicial de nuestra colaboración, era más importante formar el grupo y empezar a trabajar juntos que intentar llegar a una conclusión. En el segundo taller del proyecto sobre políticas de drogas, las productivas relaciones de trabajo que los participantes habían establecido les permitieron reabrir sus conclusiones para incorporar una adición tardía y divergente. Como ilustran estos dos ejemplos, la innovación social no suele ser simplemente el resultado de la aparición de nuevas ideas, sino de la formación de nuevas relaciones, conexiones y alianzas que permiten poner en práctica ideas nuevas o antiguas.

Vi este principio en acción en México. el 19 de septiembre de 2017, cuando un terremoto de magnitud 7,1 sacudió la Ciudad de México y sus alrededores, mató a casi cuatrocientas personas e hirió a seis mil. En ese momento, estaba trabajando con dos equipos diferentes de participantes mexicanos en temas relacionados con la inseguridad, la ilegalidad y la inequidad. (Describo este proyecto con más detalle en el siguiente capítulo). Mis colegas y yo llevábamos dos años trabajando con un equipo y solo dos meses con el otro. Cada equipo tenía su propio canal de WhatsApp y, cuando se produjo el terremoto, ambos empezaron a chatear inmediatamente sobre lo que había ocurrido y lo que había que hacer. Al leer ambos canales en tiempo real ese día y los días siguientes, me llamó la atención la diferencia en sus énfasis. El énfasis del equipo más nuevo era culpar: por ejemplo, qué políticos y departamentos gubernamentales estaban respondiendo de forma ineficaz y quién había expedido de forma corrupta permisos de construcción deficientes. El énfasis del equipo más antiguo era la colaboración: por ejemplo, alguien estaba organizando la entrega de suministros en Puebla y quería saber con quién debía ponerse en contacto el conductor del vehículo al llegar. Los miembros más antiguos del equipo no estaban de acuerdo entre sí —incluso después de años, sus diferencias ideológicas eran tan agudas como cuando empezaron a trabajar juntos—, pero habían llegado a conocerse y a confiar los unos en los otros y, por lo tanto, eran capaces de conseguir logros importantes juntos. Las relaciones permiten el progreso.

DISCERNIR PERMITE ALTERNAR ENTRE CONCLUIR Y AVANZAR

Existe un modelo sencillo que resulta útil para describir y facilitar los procesos creativos de colaboración. En él se postula que un grupo de participantes puede crear algo nuevo —nuevos entendimientos, relaciones, compromisos o iniciativas— trabajando a través de tres etapas. La primera etapa es divergente: cada persona aporta sus experiencias, ideas o perspectivas. La segunda es emergente: dejar que esas diferentes perspectivas se conecten hasta que se defina un conjunto de perspectivas compartidas o quizás una perspectiva común. La tercera es la convergencia: sacar conclusiones y llegar a acuerdos.

Este modelo es útil a dos escalas. Para una sola actividad creativa, como una sesión de un taller, hace hincapié en la creación de algo nuevo durante la segunda fase, de modo de evitar un cortocircuito pasando directamente de la primera a la tercera; es decir: pasando directamente de presentar una gama de opciones a elegir entre ellas (como hacen muchas metodologías). Esta segunda fase es siempre poco clara y a menudo incómoda, por lo que es un reto importante para los facilitadores y los participantes tener la paciencia de permanecer en esta ambigüedad el tiempo suficiente para que surja algo nuevo. A diferencia del enfoque vertical convencional, a menudo no es necesario ni productivo que los participantes se pongan de acuerdo en cada paso antes de pasar al siguiente. Con frecuencia, descubren que un asunto sobre el que estaban en desacuerdo ya no parece importante, por lo que un área crucial para el discernimiento es distinguir entre lo que necesitan y lo que no necesitan acordar.

El poeta John Keats tenía un término para esta capacidad crucial de permanecer pacientemente en la no conclusión hasta que se discierne que ha llegado el momento de concluir: *capacidad negativa,* que él definió como «ser capaz de estar en las incertidumbres, los misterios y las dudas, sin ningún intento irritante de alcanzar los hechos y la razón».[7] Esta capacidad es crucial para poder alternar entre concluir y avanzar. En el primer taller del Laboratorio de Alimentación, por ejemplo, tratar de converger inmediatamente en una definición común de sostenibilidad habría endurecido las diferencias entre los participantes; en lugar de ello, permanecieron en el desconocimiento el tiempo suficiente para poder actuar y aprender juntos, como hicieron, fructíferamente, durante los meses y años siguientes.

El modelo de tres fases también es útil para facilitar un proceso a lo largo del tiempo, en el que estas fases se repiten a diferentes escalas: en una sola actividad, en una secuencia de actividades dentro de una reunión y en un arco de trabajo a lo largo de múltiples reuniones. Por lo tanto, un proceso de colaboración a menudo se verá jalonado por varias convergencias y acuerdos que marcan el final de una actividad y el comienzo de otra. En el proyecto de regulación de drogas, por ejemplo, el equipo de partes interesadas divergió, emergió y finalmente convergió en su informe final, y este informe abrió un nuevo ciclo de divergencia y emergencia en la comunidad continental más amplia de responsables de la regulación de drogas.

En la facilitación transformadora, el facilitador y los participantes emplean ciclos repetidos de divergencia, emergencia y convergencia, y de conclusión y avance, para avanzar juntos. Para ello es necesario discernir.

8

¿CÓMO VAMOS DE AQUÍ A ALLÁ?

MAPEAR Y DESCUBRIR

La facilitación transformadora ayuda a un grupo a emprender un viaje para transformar su situación problemática. La tercera pregunta básica con la que deben trabajar es: ¿Cómo llegaremos desde donde estamos (el objeto de la primera pregunta) hasta donde queremos estar (el objeto de la segunda)?

En la facilitación vertical, los participantes dicen sobre los pasos que darán para avanzar en su situación problemática: «Conocemos el camino». El facilitador dice lo mismo sobre el proceso que los participantes emplearán al dar esos pasos. La ventaja de este enfoque de *trazar* una ruta es que proporciona un camino claro para avanzar. El inconveniente de hacer demasiado hincapié en este enfoque, sin estar abierto a cambiar la ruta a lo largo del camino, es que puede llevar al grupo a un callejón sin salida o a un precipicio: la ruta elegida puede no funcionar, pero el grupo persistirá en seguirla de todos modos.

En la facilitación horizontal, los participantes y el facilitador, sabiendo lo difícil que es predecir y comprometerse con una serie de acciones colectivas futuras, dicen: «Encontraremos el camino sobre la marcha». El lado positivo de este enfoque de *descubrir* la ruta a lo largo del camino es que reconoce que los procesos de colaboración son a menudo incontrolables e impredecibles y, por tanto, deben desarrollarse democráticamente y paso a paso. La desventaja de hacer demasiado énfasis en este enfoque, sin planificar la ruta de antemano, es que produce un vagabundeo desorganizado y divergente.

También en este caso, la facilitación transformadora realiza un ciclo entre dos polos para obtener lo mejor de ambos y evitar lo peor. El facilitador trabaja con los participantes para avanzar y retroceder entre el trazado de la ruta que piensan seguir y el descubrimiento, a lo largo del camino, de cómo deben modificar este plan. Para pasar de un movimiento exterior a otro, el cambio interior que se exige al facilitador —la forma específica de prestar atención— es la *adaptación*. Esto significa planificar una ruta, realizar un movimiento, recibir retroalimentación y ajustar la ruta en consecuencia.

La tercera elección básica que el facilitador debe hacer, entonces, momento a momento y una y otra vez, es esta: ¿Me concentro en mapear o en descubrir?

EL PROGRESO IMPLICA FRACASAR

En noviembre de 2015, durante el primer taller del proyecto Méxicos Posibles, nuestro equipo de facilitación tuvo una fuerte discusión. En 2014, México se había visto sacudido por una serie de escándalos de corrupción y masacres, y cientos de miles de personas habían salido a las calles a protestar. Un grupo de ciudadanos comprometidos se reunió para organizar un ambicioso proceso de múltiples partes interesadas con el fin de encontrar formas de abordar este nexo de «las tres íes»: ilegalidad, inseguridad e inequidad. Contrataron a Reos para que los ayudara a facilitar este proceso.

Este primer taller reunió a un grupo de treinta y tres líderes nacionales: políticos, activistas de derechos humanos, generales del ejército, empresarios, líderes religiosos, sindicalistas, intelectuales y periodistas. El equipo de facilitación estaba formado por doce organizadores mexicanos y cinco miembros del personal de Reos. El equipo de Reos había elaborado un complicado programa para el taller, que incluía tanto una innovadora secuencia de conversaciones en plenario y en grupos de trabajo como una serie de viajes de aprendizaje paralelos en los que subgrupos de participantes visitaban las comunidades cercanas para conocer sus experiencias con las tres íes.

Todos los participantes en el taller experimentaron la presión de esta compleja y polémica colaboración. Durante el segundo día, algunos de los participantes se sintieron confusos y frustrados por lo desconocido del proceso, y a algunos de los organizadores les preocupó que el taller y el proyecto pudieran fracasar. El equipo de facilitación lo discutió, y luego, durante la cena, un comité de cinco personas (tres de México y dos de Reos) nos sentamos juntos y reelaboramos los detalles de la agenda para el día siguiente con el fin de abordar las quejas que habíamos escuchado.

Me alegré de que nuestro comité hubiera conseguido captar lo que estaba pasando y dar un giro brusco. Pero cuando presenté nuestra nueva agenda al equipo de facilitación más amplio, uno de los organizadores se indignó. «¡No saben lo que están haciendo!», dijo. «¡Solo están improvisando!».

Esto produjo una discusión en el equipo de facilitación que se prolongó presencialmente durante una hora el tercer día antes de que se reiniciara el taller, y luego por correo electrónico durante otra semana. Me sentí dividido entre, por un lado, satisfacer las expectativas de los organizadores de que Reos, los consultores expertos, deberían ser capaces de diseñar y facilitar un proceso que funcionara (Conocemos el camino) y, por otro, reconocer que, por muy bien que planificáramos, surgirían dinámicas inesperadas y tendríamos que ajustar nuestro plan (Encontraremos el camino sobre la marcha). Esta tensión reflejaba otra más amplia en el país, entre la simple esperanza de que algunos líderes brillantes pudieran dirigir por un buen camino hacia adelante, y las desordenadas incertidumbres, complicaciones y conflictos que implica avanzar juntos.

El boxeador Mike Tyson dijo: «Todo el mundo tiene un plan hasta que le dan un puñetazo en la boca...». Si eres bueno y tu plan funciona, en algún momento, mientras dura ese evento en el que estás involucrado, vas a recibir la ira, la parte mala. Veamos cómo lo afrontas. Normalmente, la gente no lo afronta tan bien. [1] En México, me costó mucho asumir que mi plan no había funcionado.

Finalmente, la discusión en nuestro equipo de facilitación se calmó y acordamos seguir adelante con el proyecto. Seguimos trabajando

Durante más de cinco años, en diferentes configuraciones, a través de muchas rupturas y avances, hemos trabajado juntos en diferentes aspectos de las tres íes, incluyendo la reforma legal, la pacificación local, los derechos de los trabajadores domésticos, la preparación para los terremotos y la educación pública. Tuvimos que gestionar continuamente esta tensión básica entre mapear y descubrir. A menudo volvíamos a la conocida frase del poeta español Antonio Machado «Caminante, no hay camino. Se hace camino al andar». [2]

Uno de nuestros proyectos de seguimiento fue el Laboratorio de Educación. México necesita mejorar su sistema educativo para satisfacer las necesidades de su población diversa y de su economía en desarrollo: las tasas de graduación de la escuela secundaria y los resultados de los exámenes son bajos; el conflicto entre las autoridades educativas, los sindicatos de maestros y las organizaciones de la sociedad civil es alto; y los sucesivos gobiernos han intentado reformas ambiciosas, solo para que estas reformas se reviertan cuando una nueva administración llega al poder. Este proyecto reunió a cincuenta líderes de todo el sistema educativo nacional —ministros de educación federales y estatales y otros funcionarios del gobierno, políticos de diferentes partidos, líderes de sindicatos de profesores y de asociaciones de padres, directores, profesores, empresarios, académicos y activistas— en un proceso de varios años para identificar y aplicar un conjunto de reformas sistémicas.

El núcleo de este proceso fue el trabajo de nueve equipos de iniciativa, cada uno de los cuales estaba compuesto por entre cinco y diez participantes y trabajaba en un punto de apalancamiento diferente en el sistema en el que un pequeño esfuerzo podría tener un gran impacto. Uno de los equipos, que intentaba ampliar los programas de desarrollo de la primera infancia, incluía a un investigador y activista experimentado, a un político con experiencia en programas de salud pública y a otro que había promovido una ley de habilitación en el Congreso, y a un experto en tecnología con conexiones con un gobierno estatal donde el equipo puso a prueba su estrategia. Un segundo equipo, que trabajaba en la introducción de nuevas metodologías de aprendizaje basadas en la tecnología para llegar a las comunidades marginadas, incluía a un líder indígena con la experiencia infantil de dicha marginación, un empresario de la educación cuya comprensión de lo que se necesitaba se vio sacudida al escuchar la historia de este líder, un director de proyecto del Ministerio de Educación con gran capacidad de iniciativa, un director de escuela y un filántropo. Un tercer equipo, que trabajaba en la modificación de la asignación de recursos a las escuelas, estaba formado por dos altos funcionarios del Ministerio de Educación, una congresista y un experto en política educativa, que juntos fueron capaces de identificar con precisión dónde y cuándo cambiar las normas de asignación presupuestaria.

Estos equipos y los otros seis eran poderosos porque incluían a personas diversas y notables que nunca antes habían querido y podido unir sus fuerzas. Me recordaban a un equipo de superhéroes, como los Vengadores, formado por personas con capacidades complementarias y poderosas —incluidos algunos que hasta ahora no habían hablado— que solo pueden alcanzar sus ambiciosos objetivos si colaboran. [3]

Esta colaboración requiere que los participantes tomen decisiones difíciles. ¿Esta es una batalla a la que estoy dispuesto a unirme y, al hacerlo, apartarme de mi forma de trabajar habitual? ¿Estoy dispuesto a formar equipo con esos otros diferentes, incluidos aquellos con los que no estoy de acuerdo, no me gustan o no me resultan confiables? Para lograr nuestra misión, ¿estoy dispuesto a comprometerme en algo que realmente me importa, o incluso a ser visto como un traidor? Colaborar no implica una única elección —sumarse o no a un equipo—, sino una serie de elecciones.

Todos los miembros del Laboratorio de Educación se enfrentaron a estas cuestiones y tuvieron que decidir, una y otra vez, si seguían participando en el proyecto y colaborando. Siempre tenían como posibles alternativas las otras tres opciones unilaterales para hacer frente a su situación: forzar, adaptar o abandonar. Cada miembro de cada equipo de proyecto tenía un tipo diferente de contribución que hacer y una disponibilidad, un estilo de trabajo, un acceso a los recursos y una libertad de maniobra diferentes. Los jefes de equipo del proyecto, que no tenían autoridad formal sobre sus miembros, se esforzaron por mantener a sus equipos juntos y en marcha. Los cuatro equipos que tuvieron más éxito en la consecución de sus objetivos fueron capaces de aprovechar y dirigir las diversas energías voluntarias de sus miembros para lograr los grandes objetivos que ninguno de ellos habría podido alcanzar por sí solo.

La tensión entre mapear y descubrir apareció en todos los equipos de la iniciativa. Comenzaron con una visión entusiasta de la reforma que querían llevar a cabo y un plan sobre cómo iban a lograrlo (Conocemos el camino). Pero cuando intentaban avanzar, se encontraban con dificultades inesperadas, fuera o dentro de su equipo, por lo que tenían que realizar una pausa, hacer balance, ajustar su plan y volver a intentarlo. El trabajo de nuestro equipo de facilitación consistió en apoyar a estos equipos de iniciativa mientras avanzaban.

Nuestro equipo de facilitación también se enfrentó a este mismo reto a nivel del proyecto en su conjunto. Una y otra vez teníamos un plan sobre lo que había que hacer; algunos aspectos del plan no funcionaban y teníamos que cambiarlo. Estos cambios eran a menudo desgarradores porque exigían alterar las responsabilidades y los presupuestos de las personas. Los miembros de nuestro equipo también tenían que decidir, una y otra vez, si seguían presentándose en el proyecto.

Todas las colaboraciones se enfrentan a este reto porque ninguna de las partes interesadas puede controlar el resultado, y nadie puede saber de antemano lo que va a funcionar. Las cosas casi siempre se desarrollan de forma diferente a la prevista. El proceso de planificación —pensar las cosas de antemano— es útil, pero los participantes y los facilitadores deben estar dispuestos a cambiar sus planes a menudo. El presidente de los Estados Unidos y ex general del ejército Dwight Eisenhower dijo: «Los planes no valen nada, pero la planificación lo es todo».[4] Siempre es necesario adaptarse.

LA CLAVE DEL CICLO ENTRE MAPEAR Y DESCUBRIR ES ADAPTARSE

En su segundo taller, los participantes en el Laboratorio de Educación se adentraron en la disciplina de experimentación y adaptación en la que tenían que ser capaces de avanzar por ensayo y error, con un juego de improvisación llamado «Aprender como un delfín». Invitamos a uno de ellos a ofrecerse como «el delfín», le tocó a Carlos Cruz (un consumado organizador comunitario), y se le pidió que abandonara la sala. Los demás —los entrenadores— acordaron una serie sencilla de acciones coherentes que querían que el delfín aprendiera a realizar: tomar una silla, moverla hasta debajo de una ventana y sentarse en ella. El delfín volvió a la sala y trató de descubrir lo que debía hacer. Nadie podía hablar o hacer señales, pero los entrenadores podían aplaudir cuando el delfín se acercaba a realizar la acción correcta.

Este juego pone de relieve una competencia crucial para la facilitación transformadora: la capacidad de experimentar y pivotar. En el juego, el comportamiento de los entrenadores es importante, porque el delfín no puede aprender si los entrenadores dan una retroalimentación confusa o contradictoria. He visto entrenadores que son disciplinados y concienzudos en sus palmadas y que, por lo tanto, ayudan al delfín a tener éxito, y otros que son desatentos y frívolos y dejan al delfín confundido y sin rumbo.

El comportamiento del delfín también es crucial. El papel del delfín es estresante: Cruz se puso nervioso y transpiró mucho, mientras se esforzaba por averiguar cómo tener éxito. La clave es que el delfín siga experimentando con diferentes acciones y luego se adapte a las que provocan aplausos fuertes y afirmativos. Los delfines que fracasan son los que se estancan: se paralizan, se quedan quietos y piensan, o hacen la misma acción incorrecta una y otra vez, aunque no reciban aplausos. Cruz se esforzó y lo consiguió.

En todos los ámbitos de actividad —relaciones, negocios, política, arte—, la gente suele quedarse estancada en viejas formas de hacer las cosas y no consigue encontrar nuevas formas de avanzar. Solo se desbloquean cuando prueban algo diferente y siguen haciéndolo hasta que descubren lo que funciona. Esto es lo que hace un jugador de fútbol cuando patea un balón en un campo lleno de jugadores, lo que hace un científico cuando articula y pone a prueba una serie de hipótesis, y lo que hace un empresario cuando realiza diferentes ofertas al mercado. Esto es lo que el documental *El Misterio de Picasso* revela que Pablo Picasso hacía cuando aplicaba la pintura a un lienzo, daba un paso atrás, lo miraba y pintaba repetidamente sobre lo que había hecho antes, buscando la expresión correcta de lo que intentaba crear.[5]

La disciplina necesaria para descubrir un camino es, por tanto, probar algo, dar un paso atrás y observar el resultado, y luego cambiarlo, insistiendo una y otra vez. Aprendí esta disciplina mientras escribo libros, en los que, aunque haya pasado meses pensando y esbozando lo que quiero decir, solo cuando lo escribo, lo imprimo, y miro y recibo comentarios sobre lo que he escrito, puedo saber qué tiene sentido y qué tengo que reescribir y escribir a continuación. Solo puedo producir un buen texto si repaso un texto malo cien veces.

Cuando los participantes y los facilitadores se involucran en una colaboración creativa, necesitan ser capaces de pivotar con fluidez, no solo individualmente sino como grupo, como estorninos que vuelan en bandada. Me complace el ajuste que el pequeño comité de proceso efectuó a mitad del primer taller de Méxicos Posibles, porque cuando vimos que lo que estábamos haciendo no funcionaba lo suficientemente bien, rápidamente y con fluidez discernimos juntos lo que podíamos hacer de forma diferente, lo hicimos, y funcionó mejor. En la facilitación transformativa, esa improvisación receptiva es, por tanto, un signo no de fracaso, sino de éxito.

EXPERIMENTAR REQUIERE PIVOTAR

Los facilitadores y los participantes no pueden ni tienen que hacer siempre las cosas bien al primer intento, pero sí tienen que aprender de lo que ocurre y encontrar formas de hacerlo mejor la próxima vez. Al final de cada unidad de trabajo de mis equipos de facilitación —cada día de taller, fase de proyecto o trimestre—, hacemos una pausa para una reunión «plus-deltaΔ» (delta es el símbolo matemático del cambio) en la que todos responden a dos preguntas sobre sí mismos, sus colegas y todo el equipo: ¿Qué se ha hecho bien que se tenga que seguir haciendo? y ¿Qué se tiene que hacer mejor la próxima vez?

La pregunta delta no debe centrarse en lo que el equipo de facilitación hizo mal, porque rara vez tendrán la oportunidad de volver a hacerlo; debe mirar hacia adelante para ver cómo deben adaptarse y qué deben hacer de manera diferente. La mayoría de las veces, las autoevaluaciones y las evaluaciones de los demás serán congruentes y no requerirán mucha discusión. Sin embargo, a veces las percepciones difieren y el grupo tendrá que trabajar en ello para decidir qué hacer a continuación. Deben intentar no cometer los mismos errores dos veces.

Cuando trabajan en desafíos complejos, los facilitadores tienen que intentar hacer cosas nuevas y hacer cosas viejas de manera nueva. Tienen que hacer pequeños experimentos en contextos seguros antes de hacer grandes experimentos en contextos peligrosos. Un facilitador solo puede improvisar bien si ha practicado mucho.

Durante la reunión de nuestro equipo de facilitación en el primer taller de Méxicos Posibles, pensé que las cosas iban bien, pero algunos de mis colegas sabían que no era así, así que insistieron en que nos sentáramos, escucháramos atentamente a los participantes y a los demás, y resolviéramos qué hacer a continuación. A menudo, un facilitador no puede basarse únicamente en su propia perspectiva, sino que tiene que pedir la opinión de colegas, clientes y cualquier otra persona implicada en la situación con la que está tratando de trabajar. Pueden pedirlo de manera informal o formal, verbalmente o por escrito, y con preguntas específicas o abiertas. A continuación, tienen que compartir toda esta información con todos los miembros del equipo para que puedan tomar decisiones individuales y colectivas fundamentadas sobre lo que hay que hacer a continuación.

Carlos Cruz tenía claro que el equipo de Méxicos Posibles necesitaba conversaciones sólidas para poder pivotar: «En este grupo», dijo, «no debemos tener miedo de pelear y discutir. No vengo aquí a buscar amigos —los tengo en mi barrio—, sino a encontrar aliados. Estemos preparados para desafiarnos unos a otros y ser desafiados, para que podamos ser más inteligentes, más fuertes y más eficaces en el trabajo vital y difícil que estamos haciendo». Él señaló una flaqueza en los esfuerzos para colaborar con otros: pensar que para progresar en esos contextos hay que ignorar, evitar o sofocar los conflictos, ser educados y disimular nuestras diferencias (aunque eso signifique mantener un *statu quo* problemático). Tenemos miedo de que, si abrimos la caja de Pandora, salgamos perjudicados y la colaboración sea imposible. Pero tapar las diferencias en nuestras perspectivas, intereses y necesidades no las hace desaparecer. Significa que se agudizarán y estallarán más tarde con mayor violencia.

La limitación de la retroalimentación es que la mayoría de la gente no aprende de ella. Les asustan las amenazas a su posición o imagen (o autoimagen), el fracaso o el ser un fracasado, así que trabajan para negar las evaluaciones negativas. A mí me suelen doler los comentarios críticos y por eso los rehúyo. Sin embargo, en la reunión de Méxicos Posibles estuve lo suficientemente atento y relajado como para poder reconocer mi respuesta habitual y cambiar lo que estaba haciendo.

En el Laboratorio de Educación, los proyectos de reforma del sistema que los miembros del equipo trataban de poner en práctica eran ambiciosos, pero sus mayores retos residían en ellos mismos. Al final de un año de trabajo conjunto, un funcionario del Ministerio de Educación dijo: «Entré en este laboratorio creyendo que era flexible y abierto y capaz de llegar a acuerdos. Pero he descubierto que no era tan bueno como creía, y que para que progresáramos tenía que cambiar». Cada uno de nosotros tuvo que prestar atención, escuchar los comentarios, trabajar con los demás, actuar, adaptarse y volver a actuar, una y otra vez.

EL GIRO REQUIERE FLUIDEZ

Trevor Manuel, el político sudafricano que contó la historia del «crecimiento a través de la represión» en el taller de Mont Fleur en 1991, se convirtió en uno de los líderes políticos y ecológicos más importantes del país. Tras la elección de Nelson Mandela como presidente en 1994, Manuel trabajó durante veinte años en el gabinete nacional, primero como ministro de Comercio e Industria y luego como ministro de Finanzas y jefe de la Comisión Nacional de Planificación. En 1999, al reflexionar sobre sus experiencias en Mont Fleur y sobre la transición más amplia del apartheid a la democracia, dijo: «Había un alto grado de fluidez en ese momento: No había un paradigma, no había un precedente, no había nada. Tuvimos que forjarlo».[6]

La elección de palabras de Manuel revela un aspecto crucial, pero poco reconocido, de los intentos de cambio sistémico. El antiguo filósofo griego Heráclito dijo *panta rhei:* «todo fluye». Forjar una situación significa hacer surgir algo nuevo trabajando paciente y gradualmente, manteniendo una conexión sensible con la realidad emergente que tenemos delante. Esto es lo contrario de forzar la situación para que calce en un molde preformado, de descargar una idea ya formada de lo que se cree que debería surgir. Significa ir y venir entre el mapeo y el descubrimiento.

Para trabajar juntos de forma que se forje en lugar de imponer un camino, lo que más necesitamos es abrirnos y relajarnos en el trabajo. Cuando somos rígidos —cuando el miedo a lo que ocurre o podría ocurrir nos hace tensar y aferrarnos, tratando de mantener las cosas bajo control, en lugar de movernos con fluidez entre el mapeo y el descubrimiento— nos impedimos forjar.

El profesor de artes marciales John Milton me dijo una vez que, al cerrar el puño en el tai chi, no debo apretar la mano con fuerza; debe estar lo suficientemente suelta como para poder deslizar un lápiz dentro de ella. Apretamos con fuerza y nos aferramos a cosas que no funcionan porque tememos que si admitimos, ante los demás o incluso ante nosotros mismos, que lo que estamos haciendo está mal, nos haremos daño. La clave para avanzar en medio de ese miedo es armarse de valor para relajarse lo suficiente como para poder adaptarse.

Solo podemos relajarnos si trabajamos en un contexto que nos permita aflojar nuestros patrones habituales de pensamiento, relación y actuación. En 2003, impartí un taller de estrategia para el equipo directivo del FBI en un centro de formación gubernamental de las afueras de Washington, DC. Los participantes estaban tensos. Cuando les pregunté al principio qué sentían esa mañana, uno respondió: «Esta mañana me siento igual que todas las mañanas: con miedo de que haya otro ataque terrorista en la ciudad de Nueva York». Pero al cabo de un rato se quitaron las chaquetas y las corbatas y empezaron a relajarse y a divertirse construyendo maquetas de su visión de la oficina con papeles de colores y limpiapipas. Entonces, el director del FBI, Robert Mueller, entró en la sala, sin sonreír —llegó tarde porque había estado en la sesión informativa diaria del presidente sobre inteligencia—, e inmediatamente volvió toda la actitud defensiva y la cautela del equipo. El contexto del equipo les impedía relajarse, por lo que no pudieron avanzar mucho en este taller. La facilitación transformadora requiere un ciclo fluido, y en algunos contextos esto es particularmente difícil de lograr.

Cuando los equipos intentan forjar nuevas realidades, los facilitadores deben animarlos a experimentar de forma abierta y lúdica para aprender lo que ocurre y lo que funciona. Hay que poner menos énfasis en hacer las cosas bien a la primera, y más en estar atentos a escuchar las reacciones, ajustarse y volver a intentarlo. Un requisito fundamental para esta experimentación creativa es que los facilitadores organicen el espacio físico, político y psicológico para poder trabajar de este modo. Esto significa prestar atención a los detalles del contexto y el apoyo al trabajo:

- Organizar el patrocinio, el marco y las normas básicas del proyecto para que los participantes se sientan capaces de probar nuevos comportamientos (no lo hice en la reunión del FBI).
- Preparar la sala del taller o su equivalente en línea con sillas y mesas pequeñas y ligeras, en lugar de pesadas o fijas, para que puedan moverse fácilmente en configuraciones que faciliten nuevas conversaciones con nuevas personas.

- Utilizar materiales de trabajo como rotafolios compartidos, notas adhesivas y ladrillos de juguete (y sus equiva-
lentes virtuales), en lugar de los blocs de notas individuales
o los ordenadores portátiles, para que todos los participantes puedan ver y utilizar fácilmente los materiales en
su conjunto con el fin de reagrupar y revisar sus ideas.

Estos métodos fomentan la flexibilidad dentro de los límites
y permiten a los participantes generar nuevas ideas, relaciones y
acciones.

Esta forma de colaborar es radicalmente diferente de la forma vertical convencional. El enfoque convencional es lineal y
racionalista: primero se acuerda cuál es el problema, luego la
solución, y después un plan para aplicar la solución (incluyendo
quién hará qué); finalmente, se aplica el plan según lo acordado.
Pero en situaciones complejas y controvertidas, el enfoque vertical no funciona ni puede funcionar, tanto porque es improbable
que los participantes se pongan de acuerdo sobre el problema y
la solución como, fundamentalmente, porque nadie puede saber
lo que va a funcionar hasta que actúe.

La práctica de la facilitación transformadora implica la construcción gradual e iterativa de un consenso y una claridad sobre
qué está sucediendo en la situación del grupo (a través de ciclos
entre la defensa y la indagación), a dónde quiere llegar el grupo
(a través de ciclos entre la conclusión y el avance), y cómo van a
llegar allí (a través de ciclos entre el mapeo y el descubrimiento).

En 1993, cuando empecé a trabajar como facilitador profesional, uno de mis primeros profesores fue David Chrislip. Él
me enseñó muchos de los fundamentos en los que todavía me
apoyo: cómo diseñar talleres individuales y procesos extendi-
dos, preparar agendas y escribir de forma legible en rotafolios,
y utilizar la narración de historias y los paseos. [7] En 2018, di un

discurso en el que argumenté que la facilitación transformadora es diferente de la facilitación vertical convencional. Chrislip estaba entre el público, y me preocupaba que pensara que estaba caricaturizando el enfoque que me había enseñado veinticinco años antes. Pero después me dijo que estaba de acuerdo: el enfoque lineal de la facilitación, en el que el proceso se traza y se acuerda al principio, y luego se sigue, no es adecuado para las complejas situaciones a las que los participantes se enfrentan cada vez con más frecuencia hoy en día. Este contraste entre la forma en que estamos acostumbrados a pensar que debemos avanzar y la forma en que realmente necesitamos avanzar es paralelo al contraste que el profesor de gestión de la Universidad McGill, Henry Mintzberg, observa entre la forma deliberada en que las escuelas de negocios enseñan a los empresarios a desarrollar estrategias y la forma emergente en que realmente lo hacen. Mintzberg también evoca una imagen de talla o artesanía. «La artesanía evoca la habilidad tradicional, la dedicación, la perfección a través del dominio de los detalles. Lo que nos viene a la mente no es tanto el pensamiento y la razón como un sentimiento de intimidad y armonía con los materiales que tenemos a mano, desarrollado a través de una larga experiencia y compromiso. La formulación y la ejecución se funden en un proceso fluido de aprendizaje, a través del cual evolucionan las estrategias creativas».[8] Esta es la misma imagen que utilizó Francisco de Roux al final del seminario de la Comisión de la Verdad en Colombia, cuando dijo: «Me parece que nuestra situación se ha vuelto más maleable, como ocurre con la plastilina al amasarla».

En la facilitación transformadora, el facilitador y los participantes pasan por un ciclo de *mapeo* y *descubrimiento* a través de la experimentación activa, repetida, iterativa y práctica. Esto requiere *adaptar* sobre la marcha lo que están haciendo.

La historia del Laboratorio de Educación tiene una advertencia final. Cuando llevábamos un año funcionando, el contexto político y económico más amplio del proyecto cambió y empezamos a perder el apoyo de nuestros patrocinadores, lo que puso en peligro todos nuestros planes y proyectos. Yo había estado más centrado en la dinámica horizontal dentro del grupo que en las exigencias verticales del grupo en su conjunto, así que me sorprendí, me molesté y me enfadé. En esta situación estresante, me asusté y me puse tenso, y me redoblé en el «yo conozco el camino» vertical. No conseguí hacer exactamente lo que les había enseñado a los participantes del laboratorio: aprender como un delfín, escuchar la retroalimentación, enfrentarse a los conflictos, forjar la situación, relajarse, improvisar, experimentar...

La idea es que el laboratorio se convierta en un lugar de encuentro, de intercambio, de iteración, de aprendizaje y de adaptación. Al final, nuestro equipo facilitador, en consulta con los patrocinadores, decidió que era hora de concluir y cerrar el laboratorio, y así lo hicimos, con un legado de algunos logros y algunas decepciones. Avanzar juntos nunca es sencillo.

9

¿CÓMO DECIDIMOS QUIÉN HACE QUÉ? DIRIGIR Y ACOMPAÑAR

La facilitación transformadora ayuda a las personas a colaborar sin forzar ni ser forzadas, de modo que sus acciones son voluntarias y están coordinadas. La cuarta cuestión con la que tienen que trabajar es: ¿Cómo decidimos quién hace qué?

En la facilitación vertical, los participantes dicen: «Nuestros líderes deciden», y estos líderes asignan y coordinan las acciones de los colaboradores. El facilitador apoya a los líderes en esta tarea. La ventaja de este enfoque es que proporciona autorización y alineación de las acciones. La desventaja de hacer demasiado hincapié en este enfoque, sin dar cabida a las acciones motivadas por uno mismo, es que produce una subordinación debilitante y una insubordinación resistente.

En la facilitación horizontal, los participantes dicen: «Nadie es nuestro jefe: cada uno de nosotros decidirá por sí mismo lo que va a hacer». El facilitador ayuda a los participantes a coordinar sus acciones independientes. El lado positivo de este enfoque es que respeta y aprovecha las acciones automotivadas de los participantes. El lado negativo de incidir demasiado en este enfoque, sin autoridad ni alineación, es que produce separación y desalineación.

También en este caso, la facilitación transformadora realiza un ciclo entre dos polos para obtener lo mejor de ambos y evitar lo peor. El facilitador ayuda a los participantes a elegir y coordinar sus acciones empleando dos modos: *dirigiendo a* los participantes, como el director de una orquesta o banda, y *acompañándolos,* como un acompañante que toca el piano o la batería. Para alternar con fluidez entre estos dos movimientos externos, el cambio interno que se requiere del facilitador —la forma específica de prestar atención— es el *servicio.* Cuando se ve que un facilitador está sirviendo, los participantes comprenden y confían en que la dirección del facilitador, aunque sea estricta, es de apoyo, y que el acompañamiento del facilitador, aunque sea relajado, los ayuda a avanzar. De este modo, la facilitación transformadora permite acciones voluntarias y coordinadas.

La cuarta elección básica que el facilitador debe hacer, entonces, momento a momento y una y otra vez, es esta: ¿Me concentro en dirigir o en acompañar?

DIRECCIÓN Y ACOMPAÑAMIENTO: HAY DOS MANERAS DE HACER LAS COSAS

En 2010, comencé a apoyar una colaboración en Tailandia destinada a abordar los problemas económicos y sociales críticos del país, que estaba enredado en sus violentos conflictos políticos de larga duración. En 2014, nuestro trabajo se detuvo temporalmente cuando los militares dieron un golpe de Estado. Algunos de mis colegas tailandeses pensaron que la junta podría contener los conflictos y permitir así que el país avanzara en sus desafíos, pero en 2018 la mayoría de ellos había llegado a la conclusión de que la junta no había conseguido hacer avanzar las cosas. Uno de ellos me dijo que el primer ministro Prayut Chan-o-cha, el antiguo general que había encabezado la junta y que luego fue elegido para dirigir el gobierno, se había quejado de que era incapaz de hacer los cambios que quería. «He dado cincuenta mil órdenes», dijo Prayut, «pero solo se han aplicado quinientas».

Este comentario me pareció significativo porque a menudo he hablado con agentes de cambio que se sienten frustrados por lo difícil que es conseguir cosas en su organización o comunidad, y que dice, más que medio en serio: «¡Si yo estuviera al frente por un día!». Pero Prayut llevaba años en el cargo y, sin embargo, luchaba por hacer las cosas.

Muchas personas, como estos agentes de cambio, suponen que alguien tiene o debería tener el control y ser capaz de proporcionar a todos los demás simpatía, estabilidad y seguridad. Cuando las cosas no van como estas personas creen que deberían ir, se lamentan: «¿Por qué ellos —el gobierno, los jefes, los líderes— no hacen esto o aquello...?».

El modelo de liderazgo vertical, de mando y control, es familiar y sencillo, por lo que es muy popular. La gente desearía que funcionara, pero en muchas situaciones no puede, por dos razones interrelacionadas. En primer lugar, las personas se enfrentan a situaciones caracterizadas por la volatilidad, la incertidumbre, la complejidad y la ambigüedad irreducibles y, por tanto, fuera de su control. En segundo lugar, en muchas sociedades y organizaciones, las personas están menos vinculadas a las jerarquías y son menos deferentes, por lo que son más difíciles de controlar. Las estructuras autoritarias, como la junta tailandesa, no reconocen que se ha producido este cambio y, por tanto, no pueden avanzar mucho en sus retos. Dirigir por sí mismo tiene limitaciones.

En 2018, escuché una historia en un taller de Méxicos Posibles que ilustraba una forma contrastante y horizontal de hacer las cosas. Nuestro equipo de facilitación había organizado una noche de narración personal para ayudar a los participantes a conocerse mejor. Muchos de ellos se habían enfrentado a duros retos en sus vidas, y la sesión fue fascinante. Una historia fue especialmente impactante: una funcionaria transgénero contó cómo, una década antes, había solicitado un puesto de trabajo en una gran empresa de alimentación y había sido ridiculizada en la entrevista y no había conseguido el trabajo. Habló con tristeza e intensidad, y muchos de los que la escuchábamos nos sentimos conmovidos por esta injusticia.

Varios meses después, otro miembro del equipo, un banquero de inversión, se dirigía al consejo de administración de la misma empresa que había rechazado a la mujer transexual. Contó la historia de ella y los reprendió por sus prejuicios. La junta directiva, ya preocupada por las deficiencias en la contratación de sus empleados, decidió cambiar la política de contratación de la empresa para promover una mayor equidad.

Me enteré de este incidente y le pregunté al banquero por qué había decidido plantear este asunto en la reunión del consejo de administración de la empresa. «Después de escuchar la historia de nuestra compañera», respondió, «no pude dejar de decir algo. Y la historia despertó la conciencia del presidente de la empresa, y no pudo dejar de hacer algo». (En esta historia, el banquero actuó de forma horizontal, ya que decidió operar en su esfera de influencia profesional, no como resultado de ningún acuerdo en el equipo de Méxicos Posibles. La junta directiva decidió entonces actuar verticalmente para aplicar su nueva política).

Las acciones del banquero de inversiones contribuyeron a lograr uno de los objetivos del proyecto Méxicos Posibles: aumentar la equidad en México. Otros miembros del equipo también decidieron emprender acciones, a veces por separado y a veces en conjunto, para lograr los objetivos del proyecto. Pero, en general, la contribución de estas acciones iniciadas de manera autónoma y descoordinadas fue modesta. Al igual que la dirección vertical, el acompañamiento horizontal por sí mismo tiene limitaciones. Un reto fundamental de la facilitación transformadora es cómo trabajar tanto con la dirección como con el acompañamiento para que los participantes puedan alcanzar sus objetivos de transformación.

Sentí la necesidad de trabajar con la dirección y el acompañamiento cuando facilité un complicado taller de tres días sobre el futuro de Haití en enero de 2021. El evento estuvo a punto de ser cancelado el día anterior porque las violentas protestas hicieron que fuera peligroso viajar por carretera hasta el lugar de celebración. El taller también fue complicado desde el punto de vista técnico debido a las restricciones de la pandemia en la reunión y a que todas las sesiones se llevaron a cabo en criollo haitiano: treinta y cinco participantes y cuatro facilitadores locales estuvieron juntos en el lugar de la reunión; otros diez participaron vía Zoom desde sus hogares en Haití, Estados Unidos y Francia, con el apoyo de un facilitador haitiano radicado en Dinamarca; y yo y mi colega de Reos, Manuela Restrepo, facilitamos, a través de un intérprete, desde Canadá y Colombia, respectivamente.

Esta configuración limitó mucho la capacidad de Reos para dirigir el proceso, y en muchos asuntos no tuvimos más remedio que confiar en el criterio de nuestros cofacilitadores haitianos, que podían comunicarse con los participantes en criollo y en persona. El equipo de Reos tuvo que prestar mucha atención a lo que ocurría en el grupo, tal y como lo entendíamos a través de los chats de Zoom y WhatsApp, para poder ir y venir, momento a momento, entre la dirección y el acompañamiento de los participantes y nuestros cofacilitadores.

También siento la tensión entre dirigir y acompañar en mi papel de gerente en Reos, donde tengo una capacidad limitada para hacer que cualquier persona de la empresa haga algo. Y en mi papel de facilitador de grupos de clientes, no tengo capacidad para hacer que los participantes hagan nada; solo puedo dirigirlos y acompañarlos en la medida en que me lo permitan. Por lo tanto, en ambas funciones necesito que los demás conecten con la comprensión y la voluntad que los inspira a actuar por su propia voluntad.

LA CLAVE PARA COMBINAR LA DIRECCIÓN Y EL ACOMPAÑAMIENTO ES SERVIR

El facilitador transformador oscila entre aconsejar a los participantes qué acciones (especialmente las de proceso) deben emprender, y apoyarlos cuando emprenden las acciones que eligen. El facilitador puede tener éxito en esto solo en la medida en que se vea que está realmente al servicio del trabajo de los participantes.

En 1993, cuando empecé a trabajar como consultor y facilitador independiente, sin la autoridad que había tenido como parte del departamento de planificación global de Shell, tuve como mentor a mi compañero de negocios Bill O'Brien, presidente retirado de Hanover Insurance y pionero en el liderazgo corporativo basado en valores. O'Brien era mordaz con los ejecutivos que esperan ser atendidos en lugar de servir. Me advirtió de que incluso el individuo más sencillo tiene un «detector de mentiras» bien afinado y no puede dejarse engañar por un servicio inauténtico. Los participantes suelen pensar que los facilitadores intentan manipularlos (el término cínico es «facipulación»), como Howard Gabriels había sospechado en un principio que yo hacía en Mont Fleur. Los facilitadores solo pueden servir eficazmente si los participantes confían en que se les está sirviendo de verdad.

En la facilitación transformadora, el facilitador no es un líder: su papel es permitir que los miembros del grupo se lideren a sí mismos. Mi colega Betty Sue Flowers me dijo:

> *He experimentado muchos casos de mala facilitación en los que el facilitador estaba confundido en cuanto a su papel de líder. Es fácil hacerlo porque te sientes como un director de orquesta que intenta que las trompetas bajen el volumen para que los violines se eleven por encima del estruendo, etc. Pero el director y todos los miembros de la orquesta están siguiendo una partitura: es el compositor quien realmente es el líder. En el caso del facilitador, es el grupo el que crea la música en tiempo real. El facilitador «solo» tiene que ser capaz de escucharla en todas sus complejas partes y movimientos y amplificarla y, al final, escribir la partitura.*

Cuando los participantes colaboran, no están forzando, adaptando o saliendo: han elegido no mandar a los demás ni ser mandados. Por tanto, facilitar la colaboración requiere humildad. Esto supone un esfuerzo para los facilitadores que quieren ser líderes heroicos.

En 2002, organicé un gran taller internacional en Stowe, Vermont. Asistió Susan Taylor, una colega reflexiva y sensible; llevábamos años trabajando juntos, pero nunca me había visto facilitando. En nuestra oficina suelo ser estar tranquilo o malhumorado, pero ella dijo que en este taller vio a una persona diferente. «¡Es la primera vez que te veo totalmente vivo!».

Lo que Taylor notó cuando me vio facilitando fue, en parte, que, tras muchos años de práctica, me había vuelto bueno y me sentía cómodo con este trabajo, y era capaz de relajarme y disfrutar del desafío de la cuerda floja y de los focos de una actuación ante el público en directo. Pero lo más importante es que esta es mi vocación: la forma de servir que he elegido durante toda mi vida. Servir nos permite escapar de nuestro yo pequeño, defensivo y egoísta y representar nuestro yo más grande, mejor y más vivo, y al hacerlo inspirar a otros a hacer lo mismo.

Cuando facilitaba con O'Brien, siempre insistía en tener treinta minutos a solas antes de empezar una reunión para ordenar sus pensamientos. Me decía: «El éxito de una intervención depende de la condición interior del interventor». O'Brien señalaba la importancia de la orientación interior del facilitador, y especialmente de un enfoque de servicio con lo que él llamaba amor. Por amor escribió: «Me refiero a una predisposición a ayudar a otra persona a completarse: a desarrollar todo su potencial. El amor no es algo que nos asalta de repente: es un acto de voluntad. Por "un acto de voluntad", quiero decir que no es necesario que alguien te guste para amarlo».[1]

Vi el impacto de servir en 2019 en Etiopía. Tras una larga historia de gobiernos autoritarios, el primer ministro Abiy Ahmed intentaba llevar a cabo importantes reformas nacionales mediante la liberación de los presos políticos, permitiendo que los disidentes exiliados y los insurgentes regresaran a sus hogares, y nombrando a antiguos presos por motivos de conciencia para ocupar cargos en instituciones como la junta electoral. Por estas acciones, y por lograr la paz con la vecina Eritrea, recibió el Premio Nobel de la Paz de ese año. Pero estos cambios en el funcionamiento y en el control de las cosas, en un contexto de profundas tensiones étnicas, religiosas, regionales y políticas, generaron tanto la violencia como la paz: tres millones de etíopes fueron desplazados dentro del país, más que en cualquier otro país del mundo. Para que los etíopes pudieran transformar su país de forma democrática y sostenible, en lugar de hacerlo de forma forzada y temporal, necesitaban generar confianza.

Ese año, el proyecto Destiny Ethiopia convocó a cincuenta líderes nacionales de todos los grupos principales para contribuir a la paz y el progreso. Al final de su segundo taller, en julio de 2019, uno de los miembros del equipo, un político de la oposición, se encontraba en la entrada del hotel rural donde nos habíamos reunido. En las semanas anteriores al evento, durante un recrudecimiento de la violencia política, miembros de su partido habían sido acorralados por el gobierno, por lo que había tenido miedo de asistir al taller y había pedido que el organizador de la reunión se encargara de que viajara, disfrazado, en un convoy custodiado por comandos. El último día del taller, el organizador preguntó al político si necesitaba que se hicieran los mismos arreglos para su viaje de vuelta a la capital. El político señaló a su homólogo del gobierno, que estaba cerca y dijo: «No, volveré con él». En muchos contextos, la colaboración requiere valor.

El político hizo este cambio drástico simplemente como resultado de reunirse, observar y hablar con sus oponentes durante las diversas actividades plenarias y en pequeños grupos durante el taller. Este proceso de creación de confianza no es complicado, pero es crucial. La falta de confianza genera miedo, actitud defensiva y rigidez. La confianza permite la apertura, la fluidez y la voluntad de asumir riesgos. Todas las transformaciones, ya sean de países, comunidades o empresas, requieren confianza. La confianza es necesaria para producir la contribución, la conexión y la equidad.

En diciembre de 2019, todo el equipo etíope se subió a un escenario en el salón de baile de un hotel de Addis Abeba, ante dignatarios nacionales e internacionales y medios de comunicación, que transmitían en directo por televisión e internet, y se tomaron de las manos y leyeron una declaración de las medidas que tomarían, juntos, para mejorar el futuro del país. Habían coreografiado el acto para demostrar su unidad y respeto mutuo. La bienvenida se dio en cinco idiomas y en inglés, y no solo en amárico, la lengua nacional de trabajo y la lengua materna del segundo grupo étnico más numeroso. Cada parte de su informe fue presentada por dos políticos de partidos opuestos, y los presentadores fueron elegidos por sorteo ante la audiencia. Cada uno de los miembros del equipo habló brevemente sobre lo que el proyecto había supuesto para ellos. El tema común a todos sus testimonios fue: «Pensé que sería imposible trabajar juntos, pero descubrí que es posible».

Después, los miembros del equipo aparecieron juntos en entrevistas y paneles de televisión, radio y conferencias; incluso compitieron juntos en un programa de juegos. Todo el país vio una forma de afrontar los complejos desafíos radicalmente diferente a la que estaban acostumbrados: sus líderes se mostraban reflexivos, respetuosos, relajados y abiertos con las personas con las que estaban en conflicto. Los esfuerzos de este equipo no fueron suficientes para producir la paz en todo el país, y en 2020 volvió a estallar un conflicto violento en el norte. Pero el equipo demostró lo que se necesita para construir la confianza y la paz.

El equipo de facilitación del proyecto logró organizar un proceso dentro del cual los participantes decidieron realizar acciones tan extraordinarias, coordinadas y consecuentes, principalmente porque les servimos. A finales de 2017, yo había empezado a mantener correspondencia sobre la posibilidad de un proyecto de este tipo con un joven profesional etíope llamado Negusu Aklilu, y seis meses después me reuní con él y dos de sus amigos para hablar de la iniciativa. Me gustaron y quise ayudar, pero dudé de que tuvieran la capacidad de conseguir el proyecto se pusiera en marcha. Pensaba que no tenían suficiente poder o conexiones como para poder convocar a los líderes políticos y sociales de todo el fracturado panorama etíope. No veía cómo podrían conseguir el apoyo necesario para emprender una colaboración que marcara la diferencia.

Sin embargo, a mediados de 2019, Negusu y sus colegas habían logrado reunir un equipo de influencia y diversidad sin precedentes. Lo habían conseguido simplemente celebrando una reunión tras otra, durante meses y meses, explicando lo que intentaban hacer y reclutando gradualmente a las personas que necesitaban. El origen de su impresionante éxito era obvio para todos los que los conocieron: planteaban una propuesta novedosa que tenía sentido en el contexto nacional, no actuaban principalmente para su beneficio personal sino para el beneficio del país, y se mantuvieron en ello con tenacidad y coraje. Las personas con las que se reunieron los vieron como ciudadanos comunes y corrientes, con un carácter y una vocación de servicio extraordinarios.

La facilitación de Negusu se centró en cultivar la participación de los líderes en el trabajo del proyecto. Cada uno de ellos tenía su propia idiosincrasia y necesidades personales y políticas, y muchos de ellos eran exigentes y difíciles de mantener a bordo, pero Negusu los trató a todos con respeto y amor. Se mostró satisfecho con delegar otras tareas en otros miembros de nuestro equipo de facilitación. En la primera reunión de planificación de nuestro equipo completo, no dijo mucho hasta que le pregunté su opinión sobre las normas del equipo, y respondió con firmeza que podía vivir con cualquiera de nuestras debilidades, excepto con las acciones que pusieran en peligro el proyecto. Durante los talleres, en nuestras reuniones de equipo de facilitación, celebradas dos veces al día, Negusu no dejaba de recordarnos que debíamos ofrecer a los participantes un «servicio de nube 9». (Este es el eslogan del club de viajeros frecuentes VIP de Ethiopian Airlines).

El enfoque de Negusu en servir a los participantes permitió el éxito del proyecto. El contexto del proyecto era inestable y peligroso, por lo que los participantes tardaron en confiar en los demás y en nuestro equipo de facilitación. Al principio, a muchos les preocupaba que Negusu y sus colegas tuvieran una agenda partidista oculta, pero a medida que el proyecto avanzaba, la mayoría llegó a la conclusión de que su intención y la nuestra eran simplemente servirles, y, a través de ellos, al proyecto y al país.

Fue esta confianza de los participantes en la intención del equipo de facilitación la que nos permitió movernos con fluidez entre la dirección y el acompañamiento. Muchas veces, al dirigir actividades concretas del proyecto, como los talleres con las partes interesadas, fuimos directivos al establecer los objetivos, la metodología, el ritmo y las normas básicas, y nos comportamos como un director de orquesta estricto. Otras veces —por ejemplo, cuando realizábamos actividades para que los participantes se comprometieran con sus propios grupos de interés—, los seguíamos de cerca y animábamos la energía emergente de los participantes, como haría un pianista acompañante. No empujábamos el río, ni simplemente lo dejamos fluir: trabajábamos con energía y atención para eliminar los obstáculos que impedían su avance.

La sincera y humilde orientación al servicio de Negusu marcó la pauta de nuestro equipo de facilitación y del proyecto. Describió nuestro papel como el de hacer el «trabajo profesional, técnico y tedioso» para mantener la integridad del proyecto. Nos enfrentamos a muchas complicaciones y desafíos, pero en su mayoría sin las batallas competitivas de egoísmo que tan a menudo hacen que las colaboraciones naufraguen. Confié en Negusu y me inspiré en su ejemplo, y desempeñé mi papel de facilitador con más humildad que de costumbre y con menos necesidad de imponer y controlar.

Un facilitador no puede obligar a los participantes a hacer nada, pero no basta con que siga lo que los participantes deciden hacer. El trabajo del facilitador es ayudar a los participantes a elegir y coordinar sus acciones para que puedan avanzar juntos. Roger Fisher, el autor de la biblia de la negociación *Getting to Yes,* me aconsejó una vez: «No seas confiado; sé digno de confianza». En la facilitación transformadora, el facilitador y los participantes van y vienen entre la *dirección* y *el acompañamiento,* una y otra vez según sea necesario. Esto requiere un *servicio* genuino, humilde y digno de confianza.

10

¿CÓMO ENTENDEMOS NUESTRO PAPEL? ESTAR FUERA Y DENTRO

La facilitación transformadora es un proceso en el que los participantes y los facilitadores trabajan juntos para transformar una situación problemática. La quinta y más fundamental pregunta con la que deben trabajar es: ¿Cómo entendemos nuestras funciones y responsabilidades?

En la facilitación vertical, los participantes consideran que la situación a la que se enfrentan es problemática y colaboran para abordarla. Abordan la situación como si estuvieran *fuera* (aparte) de ella, diciendo «Debemos arreglarlo». Los facilitadores también se sitúan fuera: consideran que su papel es ayudar a los participantes a cambiar lo que hacen para que la situación pueda cambiar. La ventaja de este enfoque es la objetividad. La desventaja de hacer demasiado hincapié en este enfoque, sin dar cabida a la responsabilidad personal, es que produce frialdad y abdicación: la visión arrogante de que, para que la situación cambie, deben cambiar los *demás*.

En la facilitación horizontal, los participantes se ven a sí mismos como *dentro* (parte de) la situación. Colaboran porque se ven a sí mismos como parcialmente responsables de que las cosas sean como son y, por lo tanto, parcialmente responsables de cambiarlas.

Dicen: «Cada uno debe poner en orden su propia casa». El facilitador entiende que, al desempeñar su propio papel en el grupo, es también es en parte responsable de lo que ocurre. La ventaja de este enfoque es la autorreflexión y la autorresponsabilidad. La desventaja de incidir demasiado en este enfoque, sin dar cabida a una visión desde fuera, es que produce miopía: las personas quedan tan atrapadas en su dinámica personal que pierden de vista la dinámica sistémica más amplia de la situación.

También en este caso, la facilitación transformadora se mueve entre dos polos para obtener lo mejor de ambos y evitar lo peor. El facilitador se sitúa a la vez fuera y dentro del grupo y de la situación, y así ayuda a los participantes a hacer lo mismo. Para poder realizar un ciclo entre estos dos movimientos exteriores, el cambio interior que se requiere del facilitador —la forma específica de prestar atención— es la *asociación*.

La quinta y más fundamental elección que debe hacer el facilitador, momento a momento y una y otra vez, es esta: ¿Me concentro en estar fuera o en estar dentro?

EL FACILITADOR SE ENCUENTRA EN DOS MUNDOS

Pensé que habíamos preparado el primer taller a la perfección. Ocho meses antes, en marzo de 2018, había recibido un correo electrónico de Melanie MacKinnon, miembro de la Nación Misipawistik Cree y directora ejecutiva del Instituto Indígena Ongomiizwin de Salud y Curación de la Universidad de Manitoba, en Canadá. MacKinnon ha dedicado su carrera a trabajar en la salud de las Naciones Originarias (nativos canadienses), y ahora veía una oportunidad para contribuir a mejorar las cosas.

Por un lado, el racismo sistémico contra los indígenas estaba provocando un empeoramiento de los resultados sanitarios de los habitantes de las Naciones Originarias de Manitoba. Su esperanza de vida era once años menor que la de los demás habitantes de Manitoba, mientras que en 2002 había sido siete años menor. Por otro lado, el contexto político era prometedor: las tres principales organizaciones políticas de las Naciones Originarias de Manitoba habían acordado trabajar juntas en materia de salud, y el gobierno federal canadiense estaba abierto a reformas legislativas para dar a las Naciones Originarias más autoridad en este ámbito. Además, muchas Naciones Originarias de Manitoba se estaban fortaleciendo económica, profesional y espiritualmente. Un grupo de ancianos indígenas, convocados por David Courchene Jr., de la Casa Central del Conocimiento Turtle Lodge, estaba rearticulando y reafirmando las formas tradicionales y soberanas de ser y de trabajar con esas situaciones (Cada uno debe poner su propia casa en orden). MacKinnon acababa de ser nombrada asesora de Arlen Dumas, el gran jefe de la Asamblea de Jefes de Manitoba, y con su apoyo oficial estaba lanzando un ambicioso proyecto para transformar el sistema sanitario de las Naciones Originarias de Manitoba.

MacKinnon comprendió los obstáculos sistémicos a la contribución, la conexión y la equidad, incluidas las diferencias políticas, económicas, institucionales y culturales profundamente arraigadas, tanto entre las Naciones Originarias como entre ellas y los canadienses. Su idea era reunir a un equipo diverso de líderes de las Naciones Originarias para crear un movimiento hacia el *mino pimatisiwin* («la buena vida», en Cree). También quería crear una nueva metodología trenzada, que combinara los enfoques utilizados por las Naciones Originarias para abordar retos complejos con los utilizados por Reos Partners.[1] Me encantó poder aplicar en mi país lo que había aprendido en todo el mundo para contribuir a resolver un problema tan importante. (El sistema de apartheid sudafricano de separación y opresión racial se había inspirado en el sistema canadiense de reservas de las

Naciones Originarias). Diez años antes, había empezado a trabajar en un proyecto similar con las Naciones de la Columbia Británica, iniciado por un funcionario del gobierno federal, pero no había funcionado, y tenía ganas de volver a intentarlo con un proyecto iniciado y gobernado por las Naciones Originarias.

Formamos un equipo de facilitación compuesto por seis profesionales de diferentes organizaciones locales de las Naciones y cinco de Reos. Juntos diseñamos un proceso para trabajar primero con un equipo de ancianos y guardianes del conocimiento (incluyendo a Courchene y a los miembros de su grupo), jefes, jóvenes y profesionales que trabajan en salud, educación y servicios sociales, y luego con profesionales provinciales y políticos y funcionarios del gobierno federal. Era noviembre y estábamos listos para iniciar el primer taller del equipo, en un pequeño hotel a orillas del helado lago Winnipeg. Estaba seguro de que nuestra asociación política y profesional nos permitía realizar este trabajo y de que, tras todos los años que había pasado facilitando estos procesos, sabía lo que tenía que hacer.

Me equivoqué.

Comenzamos el taller con los métodos más probados de Reos, y los participantes se opusieron inmediatamente. Pedimos a cada persona que se presentara en un minuto (lo que en México había sido el símbolo crucial de la equidad), pero muchos participantes, especialmente los ancianos, se ofendieron cuando los interrumpimos haciendo sonar una campana, con sus ecos de las campanas que sonaban en los internados abusivos a los que habían sido enviados los niños de las Naciones Originarias. Introdujimos los cuatro modos de hablar y escuchar en parejas, incluyendo el ejercicio de mirarse a los ojos en el modo de presencia (que en Colombia había sido tan conmovedor), pero Courchene y algunos de los demás lo consideraron culturalmente inapropiado. Invitamos a todos a presentar un objeto que para ellos representara la realidad actual de la vida de las Naciones en Manitoba (que en el proyecto sobre drogas había producido un rico cuadro de perspectivas contrastadas), pero algunos de ellos encontraron en esto un desencadenante de experiencias traumáticas.

Entonces empecé a hacer una presentación de la metodología que íbamos a utilizar, como había hecho a menudo antes, para establecer mi credibilidad con ejemplos de proyectos anteriores en otros lugares. George Muswaggon, un antiguo gran jefe de la Nación originaria de Cross Lake, intervino con voz tranquila y firme: «No me fío de ti».

Me sentí asustado. En dos ocasiones anteriores en mi carrera, los participantes en los talleres me habían rechazado como facilitador y me habían pedido que abandonara sus talleres. Estas experiencias me resultaron humillantes y no quería que me expulsaran de este proyecto, que esperaba que contribuyera a Manitoba y a mi reputación y a los ingresos de Reos. Entre mi exceso de confianza en mis habilidades de facilitación y mi miedo a fracasar, mi orientación hacia un servicio de corazón abierto (en el que Bill O'Brien había hecho hincapié) corría el riesgo de quedar eclipsado.

Ahora estaba prestando toda mi atención. Creí entender por qué Muswaggon, Courchene y otros miembros del grupo no confiaban en mí y no querían seguir el proceso que el equipo de facilitación y yo proponíamos. Comprendí que no estaban —como muchos facilitadores asumen perezosamente— «siendo difíciles». Durante siglos, en Canadá (como en otros lugares), los pueblos indígenas han sido colonizados, masacrados, oprimidos, marginados y engañados por los blancos, que habían impuesto con arrogancia su forma de hacer las cosas. Los participantes en este taller pensaron que yo estaba reproduciendo este enfoque vertical de «yo tengo la respuesta correcta» y no estaban dispuestos a aceptarlo. Querían que este proceso se llevara a cabo de forma que se ajustara a su situación y a su forma de hacer las cosas.

Seguí titubeante durante el resto de mi presentación, y cuando terminé, MacKinnon le preguntó a Muswaggon si ahora confiaba en mí. Respondió: «No, pero confío en el proceso». En ese momento vi claramente lo que tenía que hacer. «No te pido que confíes en mí o en el proceso», le dije. «Te estoy sugiriendo que simplemente demos el siguiente paso y luego veamos dónde estamos y qué queremos hacer después». Estuvo de acuerdo y continuamos. Con esta declaración de asociación, pasé de estar al margen del grupo a ser también parte de él. Un rato después, hicimos una pausa en la reunión. Los participantes se fueron a la sala de al lado a tomar un café, y el equipo de facilitación se agrupó alrededor de una mesa en la sala de reuniones. Todos estábamos molestos porque los participantes habían rechazado nuestro proceso. Los facilitadores de las Naciones Originarias se sintieron ofendidos porque los participantes no habían reconocido su conocimiento de las enseñanzas y prácticas de las Naciones ni su papel en el diseño de este proceso innovador. Me sentí infravalorado y quise dejarlo.

Pero, a los quince minutos, habíamos decidido dar un giro brusco. Cuando se reanudó la reunión, adoptamos un enfoque diferente, que reducía el dominio de la metodología Reos: empezar y terminar cada día en una ceremonia espiritual tradicional dirigida por Courchene y otros; menos actividades estructuradas y más cortas; más de la facilitación realizada por los miembros de las Naciones Originarias de nuestro equipo y menos por Reos; y una vía paralela de una conversación autofacilitada entre los ancianos. Al tercer día del taller, yo había cambiado a una posición más inequívocamente humilde: No dije ni una palabra en las sesiones del taller, apoyando al grupo desde el costado y centrándome en servir los aperitivos y recoger los platos sucios y las tazas de café. Ese día era mi cumpleaños, y tras la ceremonia Courchene me deseó lo mejor, y Muswaggon me regaló un objeto sagrado. Se me perdonó el error que había cometido al quedarme fuera y por encima.

Cuando había defendido que utilizáramos actividades que habían funcionado en otros contextos (descargando mis teorías y prácticas previamente formadas), no estaba prestando la debida atención a la situación particular a la que nos enfrentábamos en ese lugar en ese momento. Pero, tras la declaración de Muswaggon, todo el equipo de facilitación vio más claramente esta situación, lo que nos permitió pivotar con éxito. La facilitación transformadora implica estudiar y practicar marcos como los de este libro, y luego suspenderlos para prestar atención a la situación que tenemos delante.

Nuestro nuevo enfoque, más ajustado, funcionó mejor y, en los meses siguientes, el proyecto avanzó. [2] Nuestro equipo de facilitación consiguió trabajar con las cuatro primeras polaridades:

1. Abogar por los procesos que, según nuestra experiencia, funcionaban mejor, y también indagar en las opiniones de los participantes e incorporarlas.
2. Llegar a acuerdos para cumplir con los hitos del proyecto y también seguir avanzando por la falta de acuerdo continuo.
3. Trazar una ruta de proyecto y también pivotar cuando descubrimos lo que teníamos que hacer a continuación.
4. Dirigir el proyecto en su conjunto y también acompañar a los participantes mientras cada uno de ellos se ocupaba de sus propios imperativos y limitaciones particulares.

La clave de la capacidad de nuestro equipo de facilitación para gestionar estas cuatro polaridades fue nuestra capacidad para gestionar una quinta, más fundamental: estar *separados* y *ser parte*. Los miembros de nuestro equipo procedían tanto de fuera como de dentro de las Primeras Naciones de Manitoba, por lo que pudimos aportar ambos conjuntos de experiencias y perspectivas a nuestro trabajo. Las complejas dinámicas del sistema en general —incluidas las luchas por el reconocimiento, los recursos y la autorrealización, entre las Primeras Naciones y entre estas y los canadienses— también aparecieron en nuestro equipo. Marcia Anderson, miembro Cree-Anishinaabe de nuestro equipo de facilitación, nos recordó las palabras de la activista negra de los derechos civiles Audre Lorde: «Las herramientas del amo nunca desmantelarán la casa del amo».[3] Mis herramientas de fuera nunca serían suficientes para eliminar los obstáculos a la contribución, la conexión y la equidad de las Naciones originarias.

Pero no nos rendimos. Nuestra conciencia y atención a estas dinámicas, a veces dolorosas y a veces lúdicas, nos permitió avanzar juntos y ayudar a los participantes a hacer lo mismo. Esta colaboración entre las Naciones y los miembros de Reos del equipo de facilitación fue esencial para el éxito del proyecto.

Sentí la tensión de esta quinta polaridad, especialmente desde el momento en que Muswaggon dijo que no confiaba en mí. Por un lado, me veía a mí mismo al margen de la situación de las Naciones Originarias de Manitoba: No era de Manitoba ni de una Nación originaria y me veían como un extraño; me habían contratado como experto externo por mi independencia y mi experiencia internacional; y me sentía satisfecho (incluso superior) con este posicionamiento y con que MacKinnon y Dumas me pidieran ayuda. Por otra parte, como Muswaggon y otros participantes habían dejado claro, yo no era simplemente un extraño neutral, sino una parte del sistema canadiense que ellos consideraban problemático. (Ahora era yo a quien se referían como un colono, como había ocurrido con los participantes blancos en Mont Fleur, en Sudáfrica). Pero, como yo y el equipo de facilitación comprendimos y estuvimos dispuestos a vivir con esta tensión permanente, como socios, pudimos mantenernos firmes y avanzar.

Muswaggon y yo también tuvimos ocasión de hablar durante varias comidas. Teniendo en cuenta lo que había dicho en la primera reunión, me sorprendió su amabilidad hacia mí. «La historia de mi pueblo hace que no podamos repartir confianza como si fuera un caramelo», me dijo. «Pero te he observado, he rezado y he decidido que eres una buena persona. Esta confianza es sencilla y duradera».

ESTAR FUERA ES VALIOSO

La postura convencional de un facilitador es mantenerse al margen de la situación y de los participantes, tratando de ser atento y solidario, pero teniendo claro que la responsabilidad y el riesgo de la situación y de los esfuerzos por cambiarla recaen en los participantes. El facilitador es un árbitro neutral, a veces útil para que el grupo pueda progresar, y a veces una figura menor y rápidamente olvidada. Para la mayoría de los facilitadores esta es una posición cómoda por defecto. Puede ser útil que el facilitador se aparte y pueda observar y contribuir a la situación y al grupo desde fuera. Desde mi primera experiencia en Sudáfrica hasta esta en Manitoba, mi posición como persona menos implicada y más objetiva me ha permitido apoyar a grupos de participantes que tienen un interés y una historia en la situación y necesitan apartarse para verla de nuevo. La mayor parte de las veces, soy capaz de mantener la calma y la curiosidad, sin dejarme llevar ni enganchar, incluso en contextos que se combinan con la ira y el miedo.

Un facilitador que se mantiene al margen puede ayudar a los participantes a ver su situación con mayor distancia y desapasionamiento. Los expertos en liderazgo Ronald Heifetz y Marty Linsky escriben:

La capacidad de mantener la perspectiva en medio de la acción es fundamental para reducir la resistencia. Cualquier militar conoce la importancia de mantener la capacidad de reflexión, especialmente en la «niebla de la guerra». Los grandes atletas deben jugar simultáneamente el juego y observarlo en su conjunto. Llamamos a esta habilidad «salir de la pista de baile e ir al balcón», una imagen que capta la actividad mental de apartarse de la acción y preguntarse: «¿Qué está pasando realmente aquí?». [4]

En los proyectos de Reos, una forma de ayudar a un grupo de interesados a salir al balcón es hablar con cada uno de ellos individualmente antes de su primera reunión y luego enviarles un informe que contenga una lista organizada de citas literales, sin atribuciones, de las declaraciones que hicieron. Luego, en la primera reunión, les pedimos que estudien y discutan este documento de forma objetiva, desde fuera, como si el texto contuviera declaraciones de otras personas. Salir al balcón es una forma de suspender la propia posición y perspectiva.

Otra forma de asomarse al balcón es que los participantes y los facilitadores observen cómo las dinámicas de la situación más amplia con la que están trabajando (el macrocosmos) se manifiestan dentro de su propio grupo (el microcosmos). En Manitoba, obtuve mi visión más clara de las dinámicas más amplias de las Naciones Originarias Canadienses prestando atención a cómo se manifestaban dentro de nuestro equipo de facilitación. La práctica de separarse puede contribuir de forma crucial a comprender lo que está ocurriendo en la situación y cómo transformarla.

ESTAR DENTRO ES VALIOSO

Apartarse de la situación problemática es útil, pero también lo es el posicionamiento opuesto y más desafiante: reconocer y actuar desde el propio papel como parte de la situación. El profesor de liderazgo del Boston College, Bill Torbert, me dijo una vez: «El eslogan de los años sesenta "Si no eres parte de la solución, eres parte del problema" pasa por alto el punto crucial, que es que, si no eres parte del problema, no puedes ser parte de la solución». Si no puedes ver los modos en que lo que haces o no haces contribuye a producir la situación problemática, entonces, no puedes contribuir a cambiar esa situación, salvo desde fuera. Esta postura de estar fuera y por encima a menudo produce condescendencia e imposición y, por tanto, resistencia y desconfianza compensatorias, como ocurrió en la dinámica entre el grupo y yo durante el primer día del taller de Manitoba. Esta verticalidad (Tenemos la respuesta correcta) genera una horizontalidad defensiva (Cada uno tiene su propia respuesta).

Muchos facilitadores se posicionan como si estuvieran fuera. Trabajan en la situación en lugar de formar parte de ella, como la persona que telefonea a casa desde su coche y dice «estoy en el tráfico» en lugar de «soy parte del tráfico». Este posicionamiento de estar al margen limita las formas en que pueden contribuir a cambiar la situación: solo pueden aconsejar (como un consultor) o forzar (como un jefe). Si quiere contribuir como colaborador, tiene que reconocer y responsabilizarse de las funciones y acciones que está realizando o dejando de realizar y que contribuyen a que la situación sea la que es. Este doble posicionamiento más humilde permite al facilitador tener más influencia.

Para las personas que están acostumbradas a posicionarse, política o psicológicamente, como ajenas y por encima (soy inocente), esta asunción de responsabilidades (no soy inocente) supone un esfuerzo incómodo. Por tanto, un reto crucial a la hora de intentar la transformación mediante la colaboración es ser capaz de ver cómo uno forma parte de la situación problemática.

En 2006, facilité una ambiciosa y compleja colaboración de múltiples partes interesadas en la India para reducir la desnutrición infantil. En un momento dado, el proyecto se volvió tan complicado y confuso que acudí a un colega local, Arun Maira, y le pedí que me explicara lo que realmente estábamos haciendo. «Tienes que recordar», respondió, «que la mayoría de las veces, cuando un grupo de líderes interesados se reúne para trabajar en un problema, cada uno de ellos cree que, si solo los otros cambiaran lo que están pensando y haciendo, entonces el problema se resolvería. Pero si todos los participantes están implicados, ¡no todo puede ser culpa de los demás! La verdadera innovación aquí es que invitamos a estos líderes a reflexionar sobre cómo podrían necesitar cambiar lo que ellos mismos están haciendo».

Hace algunos años, cofacilité varias veces con un colega paraguayo llamado Jorge Talavera. Mi español no era bueno y su inglés tampoco, así que limitábamos nuestras conversaciones en los talleres a cuestiones esenciales. Una de las dinámicas que nos parecía esencial era lo que llamábamos *el clic*: ese momento del taller en el que un participante se da cuenta de que para que la situación problemática sobre la que se está trabajando cambie, él mismo tendrá que cambiar.

Este clic crucial es menos común para el facilitador que para los participantes. El papel del facilitador en una situación suele ser más distante y menos obvio que el de una parte interesada. Pero, por pequeño o grande que sea este papel, el facilitador debe reconocerlo. El primer día del taller de Manitoba, la afirmación de Muswaggon me ayudó a pasar de verme a mí mismo como alguien ajeno a la situación de las Naciones Originarias Canadienses a reconocerme también como parte de ella. Esos clics de cambio entre estar fuera y estar dentro son necesarios para la facilitación transformadora. Cuando alguien nos muestra algo de nosotros mismos que no habíamos visto y que no nos gusta, solemos retroceder con incomodidad y negación. Cuando empecé a trabajar con MacKinnon, me invitó a asistir y hablar en una conferencia sobre salud de las Naciones Originarias en Winnipeg. Cuando me senté entre el público con ella y sus colegas y escuché la presentación de un funcionario blanco del gobierno federal, y luego a Dumas criticando la arrogancia de ese funcionario, me sentí feliz de estar del lado de los buenos. Más tarde, cuando Muswaggon dijo que no se fiaba de mí, sentí miedo, pero pude escucharlo. Este encuentro, que se sintió al mismo tiempo como una confrontación y un abrazo, me permitió ver más claramente lo que estaba haciendo y cambiarlo.

Mi colega Ian Prinsloo introdujo un ejercicio en nuestros talleres para ayudar a los participantes a explorar el movimiento de ida y vuelta entre estar apartados y ser parte. Les pedimos que escriban dos redacciones de una página sobre la situación problemática a la que se enfrentan. En el primer ensayo, describen la situación como si la observaran o dirigieran desde fuera, escribiendo detalladamente lo que hacen otras personas que contribuyen a que la situación sea como es y lo que esas personas tienen que hacer de forma diferente para que la situación se desbloquee y avance. En el segundo ensayo, describen esta misma situación como si ellos mismos estuvieran participando y cocreando desde dentro, escribiendo en detalle lo que están haciendo que contribuye a que la situación sea como es y lo que necesitan hacer de manera diferente para permitir que la situación se desbloquee y avance.

Cuando preguntamos a los participantes qué diferencias notaron en ellos mismos al pasar de la primera postura (exterior) a la segunda (interior), suelen hacer dos observaciones. En el segundo ensayo, se sentían más culpables y agobiados, y también pensaban que tenían más opciones en cuanto a las acciones que podían emprender y más energía para actuar. La postura interior produce tanto más responsabilidad como más capacidad de acción.

Otra actividad sencilla y poderosa que realizamos a menudo en los talleres es invitar a los participantes a que se pongan en pareja con la persona del grupo que consideren más diferente a ellos y den un paseo de treinta minutos juntos. La primera vez que hice esto fue en 1998 en Guatemala; el país acababa de acordar una serie de acuerdos de paz para poner fin a la larga y genocida guerra civil, y yo estaba facilitando un taller sobre cómo aplicar estos acuerdos.

Hugo Beteta, directivo de una fundación, y Otilia Lux de Coti, defensora de los derechos humanos de los indígenas, hicieron este recorrido juntos. Eran una pareja improbable, de dos realidades separadas política, económica, social y culturalmente (como en Canadá). Estaba sentado en la sala de reuniones, esperando a que volvieran los participantes, cuando Beteta entró con cara de asombro. Le pregunté qué había pasado. «Otilia me contó una historia sobre su graduación en el instituto que me impactó mucho», respondió. «Había sacado las mejores notas de todos los alumnos que se graduaban y se le concedió el honor de llevar la bandera nacional al escenario, pero la escuela no le permitió llevar su ropa étnica tradicional a la ceremonia. Así que se vio obligada a elegir entre que se reconociera su logro y ofender a su familia y traicionarse a sí misma. Yo no había comprendido cómo los guatemaltecos hemos construido mecanismos cotidianos para perpetuar el racismo y la desigualdad que produjeron el genocidio». Lux de Coti le mostró a Beteta cómo se veía su situación desde su perspectiva, y él reconoció su responsabilidad en esta situación y lo que tenía que hacer para cambiarla. Más tarde, Lux de Coti se convirtió en ministra de cultura y Beteta en ministro de finanzas, y trabajaron juntos para aumentar la inclusión indígena en Guatemala. Este ejercicio de caminar en parejas es sencillo, pero es uno de los que los participantes en el taller dicen que tiene un mayor impacto en la comprensión de su situación y sus relaciones con otros. ¿Por qué es tan fructífera esta sencilla actividad?

Por un lado, el paseo es eficaz por su mecánica. Dos personas que tienen curiosidad por conectar avanzan una al lado de la otra (o, si no pueden o no quieren caminar, se sientan una al lado de la otra), relajadas y en la naturaleza, observando el mundo juntas, y hablan de manera informal, sin papeles, teléfonos u otras distracciones, tratando juntas lo que surja en su corto recorrido. El paseo les ofrece la oportunidad, dentro del contexto estructurado del taller, de conectar a nivel humano, como iguales, y de compartir sus perspectivas. Esta experiencia puede producir cambios profundos. Casi todos los que han participado en estos paseos a lo largo de los años dicen que, como Beteta, se sorprendieron y quedaron afectados al ver el mundo a través de los ojos de sus compañeros, con los que esperaban no tener nada en común.

Lucila Servitje, una teóloga católica que participó en esta actividad en un taller de Méxicos Posibles, me ofreció una explicación más profunda de por qué es eficaz. Sugirió que la caminata y el intercambio informal privado de historias tienen un impacto porque implican la aceptación mutua, y este sentimiento de ser aceptado es lo que permite a los participantes cambiar su pensamiento y sus acciones. La secuencia —primero la persona es aceptada y luego reconsidera su posición— es lo contrario de la confesión católica tradicional, en la que primero la persona se confiesa y luego se entrega. El camino, dice, es como la gracia de Dios: el amor que recibimos y que no tenemos que ganar. Mi colega Brenna Atnikov dice que, en nuestro trabajo en Manitoba, nuestros socios de las Naciones Originarias nos concedieron esa gracia, y eso nos ayudó a hacer con más fluidez lo que se necesitaba de nosotros.

El estímulo más fuerte para que las personas cambien lo que hacen no es tanto ver su situación de forma diferente como verse a sí mismas de forma diferente. Este tipo de cambio en la percepción de uno mismo suele producirse a través de enfrentamientos y retos que nos inquietan y nos muestran que no somos como creíamos. En la historia del banquero de Méxicos Posibles que se enfrentó al presidente de la empresa que había entrevistado a la mujer transexual, el presidente se sintió avergonzado por lo que se dio cuenta de que él, como líder de esa organización, estaba haciendo, y esto le indujo a cambiar. La mayoría de las personas, cuando ven que lo que están haciendo es injusto —cuando son capaces de apartarse de la contienda, salir al balcón y ver el panorama general de lo que está ocurriendo y su papel en él— se sienten responsables de cambiar. Invitar a los participantes a plantearse la pregunta de autorreflexión: «En esta situación, ¿cuál es mi papel y mi responsabilidad?» puede provocarlos e inspirarlos a cambiar lo que están haciendo. Este enfoque puede conducir a la transformación, no a la fuerza desde fuera y desde arriba, sino libremente desde dentro.

En el taller de 2017 en Colombia, Francisco de Roux me contó una historia sobre cómo él también se había enfrentado a su papel y responsabilidad. Había ido a la selva a negociar con un líder guerrillero cuya unidad estaba deteniendo a algunos civiles. Empezó la conversación, como solía hacer, diciendo: «No entiendo por qué haces esto, pero supongo que lo haces por el bien del país, como yo. ¿Cómo funciona esto éticamente?». Interpreté la posición de De Roux como si hubiera sido respetuosa y apartada, como si dijera: «No estoy involucrado en esta situación, pero quiero ayudarte a hacer lo correcto». Pero entonces, me dijo De Roux, el guerrillero le preguntó: «¿Acaso ustedes, los jesuitas, no han estado involucrados durante generaciones en la dirección de universidades que educan a la élite? ¿No tienen ustedes alguna responsabilidad por lo que la élite ha estado haciendo en este país?». De Roux dijo que este inesperado desafío le hizo ver que él formaba parte de la situación problemática que intentaba abordar y que, por lo tanto, en su trabajo como pacificador, necesitaba comprometerse no solo con los participantes marginados, sino también con los privilegiados (como estaba haciendo en nuestro taller).

LA CLAVE PARA COMBINAR EL ESTAR FUERA Y DENTRO ES ASOCIARSE

«En una tortilla de jamón», dice el chiste, «la gallina participa pero el cerdo se compromete». Los facilitadores que insisten en que su papel en una colaboración es solo el de una gallina —que son meros asesores, ayudantes o consultores y, por tanto, tienen una responsabilidad y una rendición de cuentas limitadas— tendrán una influencia limitada. Los que quieren tener más influencia deben además comprometerse como el cerdo.

Al igual que los cuatro pares de movimientos descritos en los cuatro capítulos anteriores, estar fuera y dentro es una polaridad, no una elección, y mantener ambas posiciones es abrazar una paradoja (un misterio) que podemos apreciar, pero no podemos resolver. El psicólogo Robert Johnson sugiere la imagen cristiana medieval de la mandorla como medio para efectuar dicha reconciliación:

Una mandorla es ese sector en forma de almendra que se forma cuando dos círculos se superponen parcialmente.

Este símbolo significa nada menos que la superposición de los opuestos que hemos estado investigando. La mandorla nos indica cómo emprender la reconciliación. Inicia la curación de la ruptura. La superposición generalmente es muy pequeña al principio, solo una franja de la luna nueva; pero es un comienzo. A medida que pasa el tiempo, cuanto mayor sea el solapamiento, mayor y más completa será la curación. La mandorla une lo que se ha desgarrado y lo que se ha convertido en algo no completo. [5]

Aprendemos a estar aparte y, a la vez, a formar parte a través de la toma de conciencia gradual y la presencia de ambos polos, permitiendo que se superpongan y que la división entre ellos se cure.

La orientación necesaria para esta reconciliación es la asociación. La experiencia más larga que he tenido de pareja son mis treinta años de matrimonio con Dorothy. Estar casado ofrece a los miembros de la pareja la oportunidad de unirse más plenamente y, por lo tanto, de ser uno, y al mismo tiempo de que cada uno de ellos se convierta más plenamente en sí mismo y, por lo tanto, en dos: una parte y también un aparte. Durante este mismo periodo, también he sido copropietario de Reos Partners y sus empresas predecesoras (durante gran parte de este tiempo, sociedades en el sentido legal), por lo que sé que asociarse produce tanto oportunidades como obligaciones. No todas las colaboraciones requieren un compromiso tan profundo y prolongado: mi trabajo con el equipo de Manitoba solo duró dieciocho meses.

En la facilitación transformadora, el facilitador y los participantes van y vienen entre el *exterior,* en el balcón, y el *interior,* asumiendo sus responsabilidades por la situación tal y como es y por lo que esto implica para lo que tienen que hacer al respecto. Para ello es necesario *asociarse.*

CONCLUSIÓN:

ELIMINAR LOS OBSTÁCULOS
AL AMOR, AL PODER
Y A LA JUSTICIA

La facilitación transformadora ayuda a las personas que se enfrentan a una situación problemática a colaborar para transformar esa situación. La colaboración ofrece una crucial alternativa multilateral al forzamiento, la adaptación y la salida unilaterales.

Las historias que he contado en los capítulos anteriores explican cómo la facilitación transformadora ayuda a los grupos a pasar del estancamiento al flujo y, por tanto, a avanzar juntos. *Avanzar* significa no solo hablar, sino también actuar. *Avanzar* significa actuar no solo para reproducir el statu quo, sino para mejorar las cosas. Y *juntos* significa actuar no solo cada uno a su manera, sino con cierto grado de alineación.

Por lo tanto, la facilitación transformadora ofrece una posibilidad más amplia que la de ayudar a los grupos a abordar sus situaciones particulares. Ofrece una forma de escapar de los peligros gemelos de la imposición y la fragmentación. La facilitación transformadora ofrece una forma de crear un mundo mejor.

LA FACILITACIÓN TRANSFORMADORA TRANSFORMA LAS SITUACIONES PROBLEMÁTICAS

A menudo he visto el paso del estancamiento a la fluidez en el trabajo de grupos que se enfrentan a retos y conflictos cotidianos dentro de su organización y con el trabajo de su organización en el mundo. También lo he visto a menudo en el trabajo de grupos interinstitucionales que se enfrentan a retos y conflictos sociales. Estas experiencias me han proporcionado imágenes claras del antes y el después de la facilitación transformadora.

En noviembre de 2019, vi un claro «antes» del estancamiento. Acababa de llegar a Puerto Príncipe, la capital de Haití. Jean Paul Faubert, un empresario local, me había recogido en el aeropuerto para llevarme al hotel para que comenzáramos una semana de reuniones sobre una colaboración nacional que estábamos organizando nosotros y otros. La ciudad llevaba seis meses cerrada por las protestas contra la desastrosa corrupción y la violencia, una versión extrema de las situaciones que se dan en muchos países. En criollo haitiano, esta situación atascada se llamaba *peyi lok:* cierre del país.

El viaje de una hora me pareció aterrador. Una y otra vez nos encontrábamos con la calle bloqueada por manifestantes o una barricada o basura en llamas. Tuvimos que detenernos a menudo, hacer preguntas a los manifestantes y a un asesor de seguridad que teníamos al teléfono, y girar para encontrar un nuevo camino. Finalmente, llegamos al hotel, donde inmediatamente comenzamos una serie de conversaciones reflexivas, cálidas y enérgicas con personas que querían transformar esta situación. (Posteriormente, estas personas inscribieron a otras, y este grupo más amplio colaboró para llevar a cabo dicha transformación nacional, lo que incluye el taller que describo en el capítulo 9).

Este es el punto de partida de toda facilitación transformadora. Un grupo de personas considera que la situación a la que se enfrentan es problemática. Es posible que tanto ellos como otros hayan tratado de resolverla mediante el forzamiento, la adaptación y la salida, pero han descubierto que estas opciones han sido inadecuadas y han producido estancamiento. Quieren colaborar para encontrar un camino mejor.

En febrero de 2018, en México, vi una imagen igualmente clara del «después» de un grupo en flujo (seis meses después de que ese grupo hubiera comenzado atascado). Un equipo de Méxicos Posibles había estado trabajando duro todo el día, discutiendo y riendo, y estaban avanzando bien en su trabajo. Uno de los facilitadores dijo, asombrado: «¡Esto es el cielo en la tierra!». Durante la cena, la participante Lucila Servitje y yo hablamos de lo que estábamos viendo que podría merecer una descripción tan exaltada: que todos pudieran aportar todo de sí mismos al trabajo, ser abrazados como semejantes y participar en hacer juntos algo que valiera la pena y que ninguno de ellos podría hacer solo.

Ese día fue un momento dulce de progreso. Antes y después, también tuvimos momentos agrios de estancamiento. Colaborar en equipos diversos para trabajar en situaciones problemáticas siempre implica altibajos. Pero esta experiencia de «estar en el cielo en la Tierra» nos demostró que es posible, no solo en la teoría sino en la práctica, avanzar juntos: que, aunque este movimiento no sea necesariamente fácil ni programable ni suficiente, es posible. El éxito en estos contextos nunca está garantizado, pero la facilitación transformadora lo hace más probable.

LA FACILITACIÓN TRANSFORMADORA EMPLEA EL AMOR, EL PODER Y LA JUSTICIA

Los participantes de Méxicos Posibles se refieren a su proyecto como un «ejemplo vivo» de un país mejor. En medio de tantos desafíos imponentes y respuestas inefectivas, allí y en otros lugares, proporcionar este ejemplo ha sido uno de sus contribuciones más importantes a la creación de un futuro mejor. En este caso y en los demás de este libro, el equipo de facilitación ayudó al grupo a pasar del estancamiento a la fluidez, ayudándolo a eliminar los obstáculos a la contribución, la conexión y la equidad.

Pero hay una forma más fundamental y expansiva de expresar esta estrategia central de la facilitación transformadora: ayuda a las personas a eliminar los obstáculos al amor, al poder y a la justicia. Esta última formulación amplía y corrige una omisión en mi anterior escrito sobre la facilitación del cambio, que se centraba solo en los dos primeros elementos, el amor y el poder. [1] El tercer elemento, la justicia, es necesario para que la facilitación no se limite a reorganizar el *statu quo*, sino que lleve a cabo una transformación sistémica.

Las palabras *amor, poder* y *justicia* tienen importantes connotaciones políticas, filosóficas y morales. Se utilizan de muchas maneras diferentes y, por lo tanto, están muy cargadas. Sin embargo, las utilizo porque, cuando se definen con claridad, proporcionan una forma profunda y precisa de entender y emplear la facilitación transformadora.

El amor es el impulso hacia la unidad que, en una colaboración, se manifiesta como las conexiones entre los participantes y entre ellos y su situación. El poder es el impulso hacia la autorrealización que se manifiesta como las contribuciones que los participantes hacen a su trabajo de colaboración y a su situación. La justicia es la estructura que permite y dirige el amor y el poder y que se manifiesta como equidad dentro del grupo y, a través de su trabajo, en la situación.

Para entender lo que significa en la práctica que un facilitador ayude a los participantes a posibilitar el amor y la conexión, el poder y la contribución, y la justicia y la equidad, se deben considerar los casos cotidianos de un facilitador que los inhabilita —que pone obstáculos estructurales en lugar de eliminarlos— y los ejemplos de procesos que pueden contribuir a habilitarlos. Un facilitador obstruye el *amor y la conexión* cuando organiza un proceso de manera tan formal que deja pocas oportunidades para que los participantes se comprometan plenamente entre sí y con la situación general. En este caso, los participantes se quejarán de que la creatividad es insuficiente, porque las nuevas ideas suelen surgir de las nuevas conexiones (¡Tu proceso no está produciendo nada nuevo!). Un ejemplo arquetípico y sencillo de un proceso para hacer posible el amor es el paseo en pareja (descrito en el capítulo 10), que permite a dos personas conectarse como semejantes y reflexionar sobre los papeles que desempeñan en su situación. Otro ejemplo es la agrupación de ideas escritas en notas adhesivas, ya que esto permite a cada persona ver cómo sus ideas se relacionan con las de los demás.

Un facilitador inhabilita u obstruye el *poder y la contribución* cuando organiza un proceso de forma tan estricta que los participantes no pueden expresarse. En este caso, los participantes se quejarán de que se les impide participar plenamente en el trabajo (¡Nos estás cortando!). Un ejemplo de proceso para habilitar el poder es la Tecnología de Espacio Abierto, cuya invitación básica es que los participantes elijan un grupo de trabajo para el que tengan más energía y que les proporcione una oportunidad enfocada para trabajar en algo que les importe, en lugar de participar en un proceso desempoderador en el que todos trabajen en todo. Otro ejemplo es el *coaching* entre iguales, en el que los participantes se turnan para ayudarse mutuamente a encontrar formas más eficaces de aplicar los planes de acción de los que son responsables.

Un facilitador obstruye la *justicia y la equidad* cuando organiza un proceso de manera que permite que el poder de algunos participantes domine al de otros. En este caso, los participantes se quejarán de que están siendo tratados injustamente, a menudo de una manera que refleja la injusticia en el sistema más amplio (¡Estás favoreciendo al jefe!). Un ejemplo de proceso para hacer posible la justicia es componer intencionadamente una colaboración para incluir a los participantes que suelen ser ignorados o marginados. Otro ejemplo es que los participantes y los facilitadores presten atención y hablen de cómo su propia dinámica de equipo reproduce las injusticias en el sistema más amplio; entonces, tienen la oportunidad de cambiar esta dinámica y permitir que todos los participantes contribuyan y se conecten equitativamente.

La facilitación transformadora permite que las personas avancen juntas al comprometer estos tres impulsos generativos. (Las tres palabras *marchar adelante juntos* se refieren a los impulsos de poder, justicia y amor, respectivamente). Al igual que las polaridades vertical-horizontal exploradas en los capítulos anteriores, el amor, el poder y la justicia están en permanente tensión creativa. Experimento esta tensión no solo cuando facilito en grupos de clientes, sino también cuando facilito como gestor en Reos: Tengo que encontrar la manera de involucrar los dones y el crecimiento de cada persona (incluidos los míos propios) *y* ayudar a la gente a trabajar en equipo *y* hacer que la organización sea más justa.

Puede parecer sencillo activar y equilibrar los impulsos de poder, amor y justicia cuando se lee sobre ellos en un libro o se trabaja con ellos en un entorno relajado. Pero bajo la tensión y el estrés de la alta complejidad y el bajo control, la mayoría de las personas se arrinconan en su zona de confort y favorecen uno o dos de estos impulsos. Un facilitador debe prestar atención continuamente al reequilibrio y, en particular, al fortalecimiento de sus propios impulsos más débiles.

Este es el tango de la facilitación transformadora. Los facilitadores y los participantes emplean atentamente los cinco conjuntos de movimientos emparejados y los cinco turnos, como y cuando sea necesario, moviéndose de un lado a otro entre lo vertical y lo horizontal, el todo y las partes, el poder y el amor, por turnos lentos y rápidos, en equilibrio y fuera de equilibrio. Se comprometen con el poder cuando contribuyen y crecen. Utilizan el amor cuando conectan y unen. Se comprometen con la justicia para dotar su movimiento de propósito, dirección y estructura.

La facilitación transformadora permite el triple potencial transformador del amor, el poder y la justicia. Creo que esto es a lo que me indicaba Francisco de Roux cuando observó: «¡Estás eliminando los obstáculos a la expresión del misterio!».

EL AMOR ES EL IMPULSO PARA UNIR LO QUE ESTÁ SEPARADO

En mi primer libro, *Solving Tough Problems,* conté la historia de un minuto de silencio en el taller de 1998 en Guatemala al que me referí en el capítulo 10.[2] Desde 1960, el gobierno de derechas de Guatemala había librado una guerra civil contra los rebeldes de izquierdas. La investigación de la guerra, patrocinada por las

Naciones Unidas, llegó a la conclusión de que la destrucción deliberada y sistemática de las comunidades indígenas por parte del gobierno constituía un genocidio. En 1996, las partes en guerra firmaron una serie de acuerdos de paz. El taller que impartí fue el comienzo de un proyecto que reunió a líderes de las profundas divisiones de la sociedad guatemalteca —ministros del gabinete, antiguos oficiales del ejército y de la guerrilla, empresarios, periodistas, jóvenes, indígenas— para desarrollar vías de aplicación de los acuerdos.

Los participantes en el taller habían estado en diferentes bandos de la guerra, por lo que la sala estaba llena de sospechas. Una mañana, en un círculo de narración, Ronalth Ochaeta, un investigador de derechos humanos de la Iglesia Católica, relató su experiencia de haber ido a una aldea indígena para observar la exhumación de una fosa común de una masacre en tiempos de guerra. Cuando se retiró la tierra de la fosa, Ochaeta observó que había muchos huesos pequeños y preguntó al forense que supervisaba la exhumación qué había pasado. El científico le respondió que en la masacre había habido mujeres embarazadas y que los huesos pequeños eran de sus fetos.

Después de que Ochaeta contara esta historia en nuestro taller, la sala se quedó en completo silencio durante mucho tiempo. Luego el equipo se tomó un descanso y después continuó con su trabajo. En los años siguientes, colaboraron en muchas iniciativas nacionales, incluidas cuatro campañas presidenciales; contribuciones a la Comisión para el Esclarecimiento Histórico, la Comisión del Acuerdo Fiscal y la Comisión de Seguimiento de los Acuerdos de Paz; trabajos sobre estrategias de desarrollo municipal, una estrategia nacional contra la pobreza y un nuevo plan de estudios universitarios; y seis diálogos nacionales derivados.

En el año 2000, cuando Katrin Kaeufer, del MIT, dirigió un proyecto de investigación en el que se entrevistó al equipo, varios de ellos se refirieron a este minuto de silencio para explicar cómo se habían inspirado para reunirse y lograr lo que hicieron. Uno de ellos dijo: «Al dar su testimonio, Ochaeta se mostró sincero, tranquilo y sereno, sin un rastro de odio en su voz. Esto dio paso al momento de silencio que, diría, duró al menos un minuto. Fue horrible. Fue una experiencia muy conmovedora para todos nosotros. Si nos preguntaran a cualquiera de nosotros, diríamos que ese momento fue como una gran comunión». Otro dijo: «Después de escuchar la historia de Ochaeta, entendí y sentí en mi corazón todo lo que había pasado.[3] La historia de Ochaeta permitió al equipo conectar profundamente entre sí, con su situación y con lo que debían hacer».

Este incidente en Guatemala me sorprendió y fue el centro de mis primeras teorías sobre la facilitación. Interpreté el silencio que siguió a la historia de Ochaeta como un ejemplo no solo de conexión, sino de comunión o amor. En este caso, utilicé la definición de amor dada por el teólogo protestante Paul Tillich: «el impulso hacia la unidad de lo separado».[4] El amor, en este sentido, es el impulso universal no solo de conectar, sino de hacer completo lo que se ha vuelto o parece fragmentado. Utilicé esta definición de amor —hay muchas que podría haber utilizado— porque expresaba precisamente la experiencia que había tenido, en Guatemala y en otros lugares, de que la facilitación transformadora implica reunir a los participantes y a las partes del sistema que representan para que actúen con unidad (más precisamente, para que promuevan una unidad que siempre había estado presente pero que se había oscurecido).

En el taller de Guatemala, el amor fue el impulso de los líderes para volver a tejer un tejido social nacional que se había roto violentamente. En las colaboraciones cotidianas, el amor es el impulso de los miembros del equipo para trabajar juntos y alineados, en lugar de hacerlo por separado y con propósitos cruzados. La facilitación transformadora elimina los obstáculos al amor.

Para que el facilitador pueda ayudar a desbloquear el amor en el trabajo de un grupo, tiene que ser capaz de desbloquearlo dentro de sí mismo. Experimento este impulso hacia la unidad de lo separado como un anhelo de encontrar mi parte en un todo mayor. Por eso, mi experiencia en Mont Fleur —de descubrir una vocación que me dio una forma útil de emplear mis dones, de tener un papel en la trascendental transformación de Sudáfrica, de conectar calurosamente con los participantes y de conocer a Dorothy— se sintió como una apertura. Esta experiencia y otras posteriores, incluido el silencio en Guatemala, reforzaron la importancia de abrirme para apoyar la apertura de los demás. Mi comportamiento como facilitador suele ser reservado y analítico, pero muchas de las veces que más he ayudado a un grupo ha sido cuando he revelado mis emociones (emocionado, conmovido o preocupado) o me he relajado en el trabajo (moviéndome con fluidez, haciendo bromas, creando momentos de silencio o de canto). Un facilitador tiene que conectarse para poder ayudar a los participantes a conectarse.

EL PODER ES EL IMPULSO DE LA AUTORREALIZACIÓN

Uno de los miembros del equipo de Guatemala con el que entablé amistad fue Clara Arenas, una investigadora y activista que durante la guerra había actuado con valentía para apoyar a las comunidades en peligro. Cuando la visité en Ciudad de Guatemala en 2008, diez años después del primer taller, cuestionó el énfasis que yo había estado dando en mis escritos al diálogo, la unidad y el amor. «¿Sabe usted», me preguntó, «que la semana pasada, la coalición de organizaciones de la sociedad civil de la que formo parte sacó un anuncio a toda página en el principal periódico local, diciendo que ya no participaríamos en los diálogos con el gobierno? El gobierno ha dicho que una condición previa para que participemos en sus diálogos es que nos abstengamos de marchar y manifestarnos en las calles. Pero estas acciones son la principal forma de movilizarnos y manifestar nuestro poder, y si dialogar requiere que renunciemos a nuestro poder, entonces no nos interesa». Esta conversación con Arenas me llevó a ampliar mi teoría para tener en cuenta no solo el amor, sino también el poder. Una vez más, descubrí que el marco de Tillich expresaba precisamente el fenómeno al que yo intentaba dar sentido. Define el poder como «el impulso de todo lo que vive para realizarse a sí mismo, con una intención y una extensión cada vez mayores».[5] Así pues, el poder en este sentido es el impulso universal no solo de contribuir, sino de lograr el propio propósito y crecer. La facilitación debe consistir en ayudar a los participantes no solo a unirse, sino también a expresar sus necesidades y a encontrar un camino que las satisfaga.

En la historia de Arenas, el poder era el impulso tanto del gobierno como de las organizaciones de la sociedad civil para hacer valer y defender sus intereses. En las colaboraciones cotidianas, es el impulso de todos los miembros del equipo para actuar con el fin de cumplir sus agendas y ambiciones. La facilitación transformadora elimina los obstáculos al poder.

La tesis en tres partes de mi segundo libro, *El poder y el amor*, se convirtió por tanto del siguiente modo. En primer lugar, el poder, cuando se ejerce de forma que niega la conexión y el amor (las partes ignoran el todo más amplio), se convierte en un poder degenerativo. En una pareja, por ejemplo, el poder que niega el amor se manifiesta en la persona que está tan centrada en su propio trabajo y carrera que descuida la conexión con su pareja. En una organización, es una persona que actúa para lograr sus objetivos de forma que ignora su impacto en el bienestar de la organización, o una organización que actúa para lograr sus objetivos de forma que ignora su impacto en el bienestar del sector, la comunidad o el entorno. La facilitación horizontal favorece el poder que niega el amor porque prioriza la autorrealización de los miembros individuales del grupo sobre la unidad de este. (Esta afirmación se desprende de las definiciones que he utilizado, aunque suene sorprendente debido a la habitual connotación opresiva de la palabra *poder*.)

En segundo lugar, el amor, cuando se ejerce de una manera que niega la voluntad y el poder (el todo ignorando las partes constituyentes), se convierte en un amor degenerativo de caída (amor que mina el poder y deja al amante incapaz de levantarse). En una pareja, por ejemplo, el amor que niega el poder se manifiesta en la persona que está tan centrada en el crecimiento y el bienestar de la relación que descuida el crecimiento y el bienestar de su pareja y, sobre todo, el suyo propio (como en las canciones de amor que dicen: «No puedo vivir sin ti»). En una empresa, es el despido para evitar la quiebra. La facilitación vertical favorece el amor negando el poder porque prioriza la autorrealización y la unidad del grupo sobre la autorrealización de los miembros individuales del grupo. (Esto también parece sorprendente debido a la connotación romántica común de la palabra *amor*.) En estos ejemplos, el amor degenerativo emplea el poder para imponer la primacía del conjunto (te hago daño por el bien de la mayoría).

Y en tercer lugar, solo cuando el poder y el amor se ejercen juntos, se convierten en poder generativo y el amor que eleva. En una pareja, esto es llegar a ser más plenamente uno como asociación que se realiza a sí misma y, al mismo tiempo, llegar a ser más plenamente dos como individuos que se realizan a sí mismos. En una organización, es el equilibrio entre el bien de los conjuntos más pequeños (empleados), el conjunto más grande (la organización) e incluso los conjuntos más grandes (sector, comunidad, medio ambiente). Este equilibrio no es sencillo.

El poder y el amor ejercidos conjuntamente producen una facilitación transformadora, en la que la autorrealización de los conjuntos más grandes y los conjuntos constitutivos más pequeños se refuerzan mutuamente. No existe un punto de equilibrio estático entre los polos del amor y el poder: al igual que el equilibrio entre los polos de la verticalidad y la horizontalidad, el equilibrio dinámico implica un movimiento de ida y vuelta, como el que se hace cuando se camina sobre dos piernas.

Mi teoría ampliada, por tanto, era que la facilitación solo puede ser transformadora si emplea tanto el amor como el poder. El líder de los derechos civiles de los Estados Unidos, Martin Luther King Jr., que había escrito su tesis doctoral sobre la teología de Tillich, expresó este imperativo en su último discurso presidencial ante la Conferencia Sur de Liderazgo Cristiano, ocho meses antes de ser asesinado:

El poder bien entendido no es más que la capacidad de lograr un propósito. Es la fuerza necesaria para llevar a cabo un cambio social, político y económico... Y uno de los grandes problemas de la historia es que los conceptos de amor y poder se han considerado habitualmente como opuestos —opuestos polares— de modo que el amor se identifica con la renuncia al poder, y el poder con la negación del amor... Ahora tenemos que entender esto bien. Lo que se necesita es una toma de conciencia de que el poder sin amor es imprudente y abusivo, y el amor sin poder es sentimental y anémico... Es precisamente esta colisión del poder inmoral con la moral sin poder lo que constituye la mayor crisis de nuestro tiempo.[6]

Para que el facilitador pueda ayudar a desbloquear el poder en el trabajo de un grupo, tiene que ser capaz de desbloquearlo dentro de sí mismo. Normalmente me he sentido cómodo con el impulso hacia la autorrealización: mis experiencias de privilegio y masculinidad han apoyado esta orientación. Mi impulso hacia la autorrealización me ha servido para desarrollar y emplear mis dones en el servicio de los grupos con los que trabajo. Mi evolución como facilitador ha sido aprender a emplear tanto mi poder como mi amor, no debilitando mi impulso más fuerte (poder), sino fortaleciendo el más débil (amor). Un facilitador tiene que aportar al trabajo tanto su plena contribución como su plena conexión, para poder apoyar a los participantes a hacer lo mismo.

LA JUSTICIA ES LA ESTRUCTURA QUE HABILITA EL AMOR Y EL PODER

Incluso después de que se publicara *Poder y Amor*, yo seguía teniendo la persistente sensación de que a mi teoría le faltaba algo crucial. Cuando envié el borrador del manuscrito a Arenas, me respondió: «Veo cierta ingenuidad en tu visión de un equilibrio entre el poder y el amor, en el que las cosas pueden mejorar dejando a todos satisfechos. ¿Cómo puede ser eso? En un contexto de gran desequilibrio o inequidad, como el de Guatemala, ¿cómo se puede desarraigar la pobreza sin que algunos sectores de la sociedad (del poder, por supuesto) queden insatisfechos? Son sus intereses económicos los que se verán afectados. Creo que el equilibrio y la satisfacción para todos son posibles en el ámbito del discurso, pero no cuando se baja a la política "real" en un contexto de enorme desigualdad». Y cuando presenté el libro en un seminario en los Países Bajos, Jeremy Baskin, sindicalista y académico, observó que mi teoría carecía de teleología, que no explicaba cómo los procesos de cambio social se dirigen hacia un objetivo o se configuran con un propósito.

Pensé que lo que me faltaba podría estar relacionado con la justicia; el libro de Tillich que había utilizado como referencia se titula *Amor, poder y justicia*. Pero, aunque volví muchas veces a lo que Tillich y King habían escrito sobre la justicia, y pude ver la centralidad de la búsqueda de la justicia en muchos de mis proyectos (empezando por la búsqueda del equipo de Mont Fleur de una manera de efectuar la transición fuera de la opresión del apartheid), no pude entender lo que esto significaba para mi teoría de la facilitación.

Si uno se sienta con una pregunta durante el tiempo suficiente, a veces descubre que la respuesta estaba delante todo el tiempo. En este caso, encontré una pista al reflexionar sobre otra experiencia desconcertante que había tenido, en Tailandia en 2010. Mis colegas y yo estábamos iniciando el proyecto para hacer frente al conflicto político en curso entre fuerzas pro y antigubernamentales, que había producido violentos enfrentamientos en las calles de Bangkok. Los organizadores del proyecto nos habían preparado una serie de conversaciones con líderes interesados —de la política, los negocios, el ejército, los medios de comunicación, la aristocracia, la sociedad civil— y durante tres días completos permanecimos en una luminosa sala de reuniones de un hotel sin ventanas y nos reunimos con estos líderes uno tras otro.

En aquel momento, me desconcertó la experiencia de escuchar a una serie de líderes de mentalidad fuerte exponer sus puntos de vista sobre este complicado conflicto en un contexto y una cultura que me eran desconocidos. Pero más tarde me di cuenta de que, a otro nivel, lo que habíamos escuchado era sencillo: cada persona había intentado ponernos de su lado convenciéndonos de que ella tenía razón y sus oponentes estaban equivocados y, más concretamente, de que estaba siendo tratada injustamente y era víctima de la injusticia. Además, todas las personas habían acudido al hotel para reunirse con nosotros porque pensaban que Tailandia no era todo lo buena que podía o debía ser, y querían contribuir a mejorarla. Cada uno, desde su perspectiva, exigía justicia.

He llegado a entender que esta aspiración a la justicia es un tercer impulso universal que se requiere para la práctica de la facilitación transformadora. En la mayoría de las colaboraciones, la mayoría de los participantes afirman que el sistema del que forman parte necesita ser (entre otras cosas) más justo, respetuoso, inclusivo y equitativo. Aunque las personas tienen experiencias radicalmente distintas de la justicia y la injusticia y diferentes formas de pensar sobre estos fenómenos (a menudo, como en Tailandia, estas formas de pensar son interesadas: que lo que ocurre es que me están tratando injustamente), la mayoría de ellas apelan a la justicia como un objetivo importante.

Las personas suelen afirmar el imperativo de la justicia a dos niveles: como un fin para su colaboración (un sistema más justo que buscan crear en su organización, comunidad o sociedad, a través del trabajo conjunto) y también como un medio para su colaboración (un proceso más justo para su trabajo conjunto). Esta afirmación no significa que la justicia, al igual que el amor o el poder, sea fácil o sencilla de alcanzar, sino que es un imperativo ampliamente reconocido que, explícita o implícitamente, proporciona una dirección u objetivo para la colaboración.

Esta percepción de la importancia del impulso hacia la justicia me llevó, una vez más, al marco conceptual de Tillich.[7] En este sentido, la injusticia se produce en estructuras y prácticas que no son simplemente injustas, sino que rechazan la pretensión intrínseca en cualquier ser de realizarse a sí mismo (de vivir y crecer): cuando se permite que el poder de unos sofoque el poder de otros. Dos ejemplos descarnados de esta injusticia son el sistema de justicia penal de Estados Unidos que permitió al policía de Minneapolis Derek Chauvin poner la rodilla sobre el cuello de George Floyd, y el sistema sanitario que durante la pandemia produjo una mayor mortalidad entre las personas marginadas. En una organización, la injusticia se manifiesta en las normas escritas y no escritas que producen menos oportunidades de contribución y conexión para las mujeres, las minorías y los empleados de menor rango.

Por lo tanto, la facilitación debe ayudar a los participantes a aprovechar no solo el amor y el poder, sino también la justicia. En los procesos de Haití, México, Guatemala y Tailandia mencionados anteriormente, la justicia fue tanto un objetivo como un principio para el trabajo de abordar las situaciones problemáticas que fueron la razón por la que se iniciaron estos procesos. En las colaboraciones cotidianas, la justicia es también un objetivo y una forma de trabajo para mejorar determinadas situaciones problemáticas. La justicia es la práctica de eliminar los obstáculos estructurales para permitir el pleno empleo del amor y el poder en el avance hacia un propósito superior.

Para que el facilitador pueda ayudar a desbloquear la justicia en el trabajo de un grupo, tiene que ser capaz de desbloquearla dentro de sí mismo. Entiendo que parte de mi responsabilidad como facilitador es ayudar a los participantes a contribuir y conectarse equitativamente. Pero mi vida de privilegio —la falta de una experiencia sentida de injusticia— significa que a veces no me doy cuenta de las formas en que la injusticia (sexismo, racismo, clasismo, etc.) sesga la contribución y la conexión en los grupos con los que trabajo. Mis colegas me han ayudado a prestar más atención y a actuar en consecuencia para «afligir a los cómodos y consolar a los afligidos», como me dijo una vez el facilitador palestino Zoughbi Zoughbi. Un facilitador tiene que llevar la justicia a su propia práctica para poder apoyar a los participantes a hacer lo mismo. He hablado del lugar que ocupa la justicia en nuestro trabajo con mi colega Rebecca Freeth, que ha facilitado y participado en muchos procesos relacionados con cuestiones raciales en Sudáfrica. Para ella, la justicia se refiere «tanto a la forma en que navegamos a través de los procesos de cambio social (siendo conscientes de los grados desiguales de privilegio, buscando la paridad en la participación y estando dispuestos a comprometernos con nuestra propia indignación y la de los demás) como a la dirección en la que apuntamos nuestros esfuerzos de cambio social (hacia una mayor justicia)».[8] La justicia proporciona una orientación fundamental tanto para los medios como para los fines de la colaboración. Sin un impulso hacia la justicia, la colaboración puede, como me advirtió Arenas, limitarse a reproducir un statu quo injusto. La justicia permite que la colaboración trascienda y rompa ese compromiso y ese estancamiento.

En el discurso de King que he citado antes, dijo: «El poder en su máxima expresión es el amor que aplica las exigencias de la justicia, y la justicia en su máxima expresión es el poder que corrige todo lo que se opone al amor».[9] King pensaba que el amor, el poder y la justicia eran necesarios para realizar la transformación social. Creo que los tres son necesarios para realizar el potencial de la facilitación transformadora.

King también afirmó que «el arco del universo moral es largo, pero se inclina hacia la justicia».[10] La facilitación transformadora ayuda a los participantes y a los facilitadores a trabajar juntos con una mayor conciencia y responsabilidad de su papel en lo que ocurre entre ellos y en el sistema más amplio. Por lo tanto, ofrece la oportunidad de contribuir a que el universo moral se incline hacia la justicia.

LA FACILITACIÓN TRANSFORMADORA OFRECE UNA POSIBILIDAD MÁS AMPLIA

Cuando presto atención a lo que ocurre en un grupo, observo tanto los detalles específicos que tengo delante como los patrones más amplios de amor, poder y justicia, y cómo estos permiten o impiden el progreso del grupo. Del mismo modo, cuando presto atención a la práctica de la facilitación transformadora en diferentes contextos de todo el mundo, observo tanto su contribución para ayudar a estos grupos a transformar sus situaciones problemáticas específicas como su potencial más amplio como forma de transformar los sistemas que producen y reproducen la desconexión, el desempoderamiento y la injusticia.

La mayoría de los grupos con los que trabajo intentan, con un compromiso apasionado, en sus propias esferas, grandes o pequeñas, crear un mundo con más amor, poder y justicia. Saben que forzar no funcionará y por eso intentan ayudar a la gente a avanzar juntos.

Algunos de estos grupos tienen éxito y otros no. Este conjunto de trabajos demuestra que *es* posible colaborar y progresar: no es sencillo ni fácil ni está garantizado, pero puede hacerse. La facilitación transformadora permite el progreso al eliminar los obstáculos al amor, al poder y a la justicia. En noviembre de 2020, mientras terminaba este libro, volví a hablar con Francisco de Roux, el sacerdote colombiano cuya observación, tres años antes, de que yo estaba «eliminando los obstáculos a la expresión del misterio», me había inspirado a comenzarlo. Durante estos tres años, De Roux había sido presidente de la Comisión para el Esclarecimiento de la Verdad, la Convivencia y la No Repetición, intentando, en medio de la continua polarización y demonización, ayudar a los colombianos a avanzar juntos. En esta conversación, parecía agotado por haber organizado tantas reuniones entre gente tan diversa y, sin embargo, tener que luchar por avanzar. «No hay futuro si no nos abrimos los unos a los otros, con sinceridad, como seres humanos semejantes», dijo. «No hay otra fórmula».

Solo abriéndonos los unos a los otros podemos hacer posible el amor, el poder y la justicia. Y solo trabajando con amor, poder y justicia podemos avanzar juntos. No hay otra fórmula para crear un mundo mejor.

UN MAPA DE LA FACILITACIÓN TRANSFORMADORA

En los capítulos 3 a 10, expliqué que la práctica de la facilitación transformadora implica hacer cinco pares de movimientos externos, habilitados por cinco cambios internos, como y cuando estos sean necesarios, momento a momento, para ayudar a un grupo a avanzar juntos. El mapa que se ofrece en las páginas siguientes resume toda esta práctica.

La tabla muestra, en general y para cada una de las cinco preguntas básicas de colaboración, las respuestas típicas, los aspectos positivos y negativos de la facilitación vertical (las tres columnas de la izquierda) y de la facilitación horizontal (las tres columnas de la derecha). También muestra (en las tres columnas centrales) los movimientos y desplazamientos empleados en la facilitación transformadora para alternar entre lo vertical y lo horizontal.

El orden de las columnas ilustra los siguientes puntos clave sobre la práctica de la facilitación transformadora. El facilitador utiliza los diez movimientos para ayudar al grupo a obtener lo mejor de las ventajas de la facilitación vertical y horizontal, y evitar lo peor de las desventajas. Al igual que en la figura del capítulo 3, el facilitador lo hace alternando entre los cinco pares de movimientos compensatorios: cuando el grupo está cayendo en el lado negativo de un polo, el facilitador realiza el movimiento que anima al grupo a moverse hacia el lado positivo del polo opuesto.

El facilitador es capaz de alternar con fluidez entre estos pares de movimientos externos mediante la realización de cinco cambios internos. Al trabajar con la primera pregunta, «¿Cómo vemos nuestra situación?», por ejemplo, el facilitador emplea y fomenta la indagación para evitar los inconvenientes (pensamiento de grupo y repudio) de la vertical «Tenemos la respuesta correcta», y emplea y fomenta la defensa para evitar los inconvenientes (cacofonía e indecisión) del horizontal «Cada uno tiene su propia respuesta». El facilitador es capaz de alternar entre la indagación y la defensa a través de la apertura.

En resumen, la tabla subraya que, al realizar estos movimientos y desplazamientos, el facilitador ayuda al grupo a mantenerse mayoritariamente en el camino intermedio de los aspectos positivos (la zona sombreada en oscuro) y a no desviarse demasiado o durante demasiado tiempo hacia los aspectos negativos periféricos (las zonas ligeramente sombreadas).

Cuadro M.1. Mapa de la facilitación transformadora

Facilitación vertical			
Preguntas de colaboración	Respuesta típica	Desventajas	Ventajas
En general	«Debemos focalizarnos en el bien del conjunto»	Rigidez y dominación	Coordinación y coherencia
1. ¿Cómo vemos nuestra situación?	«Tenemos la repuesta correcta»	Pensamiento de grupo y repudio	Experiencia y decisión
2. ¿Cómo definimos el éxito?	«Necesitamos ponernos de acuerdo»	Imposibilidad e insuficiencia	Una línea de meta
3. ¿Cómo llegaremos desde aquí a hasta allá?	«Conocemos el camino»	Un callejón sin salida y un precipicio	Una ruta clara
4. ¿Cómo decidimos quién hace qué?	«Deciden nuestros líderes»	Subordinación e insubordinación	Autoridad y alineación
5. ¿Cómo entendemos nuestro papel?	«Debemos arreglar esto»	Frialdad y abdicación	Objetividad

Facilitación transformadora			
Preguntas de colaboración	**Movimiento externo hacia lo horizontal**	**Desplazamiento interno**	**Movimiento externo hacia lo vertical**
En general	Hacer hincapié en la pluralidad	Escuchar	Hacer hincapié en la unidad
1. ¿Cómo vemos nuestra situación?	Indagación	Abrirse	Defensa
2. ¿Cómo definimos el éxito?	Avance	Discernir	Conclusión
3. ¿Cómo llegaremos desde aquí a hasta allá?	Descubrimiento	Adaptarse	Mapeo
4. ¿Cómo decidimos quién hace qué?	Acompañamiento	Servir	Dirección
5. ¿Cómo entendemos nuestro papel?	Colocarse dentro	Compartir	Colocarse fuera

Transformación horizontal			
Preguntas de colaboración	**Ventajas**	**Desventajas**	**Respuestas típica**
En general	Autonomía y variedad	Fragmentación y bloqueo	«Debemos focalizarnos en el bien de cada parte»
1. ¿Cómo vemos nuestra situación?	Diversidad e inclusión	Cacofonía e indecisión	«Cada uno tiene su propia respuesta»
2. ¿Cómo definimos el éxito?	Pragmatismo	Insustancialidad y dispersión	«cada uno necesita mantenerse en movimiento»
3. ¿Cómo llegaremos desde aquí a hasta allá?	Flexibilidad	Divergencia y desorganización	«Cada uno encontrará su camino sobre la marcha»·
4. ¿Cómo decidimos quién hace qué?	Acciones auto-motivadas	Separación y desalineación	«Cada uno decide por sí mismo»
5. ¿Cómo entendemos nuestro papel?	Responsabilidad propia	Miopía	«Cada uno debe poner su casa en orden»

NOTAS

Prólogo

1. Ed Schein y Warren Bennis, *Personal and Organizational Change through Group Methods: The Laboratory Approach* (Nueva York: Wiley, 1965); Don Michael, *Learning to Plan and Planning to Learn* (Alexandria, VA: Miles River Press, 1987).

2. Ed Schein, *Process Consultation: Its Role in Organization Development* (Reading, MA: Addison-Wesley, 1969); Peter Senge, *The Fifth Discipline: The Art and Practice of the Learning Organization* (Nueva York: Doubleday, 2006); Ronald Heifetz, *Leadership without Easy Answers* (Cambridge, MA: Belknap, 1994); Otto Scharmer, *Theory U: Leading from the Future as It Emerges* (Oakland, CA: Berrett-Koehler, 2009); y Gervase Bushe y Robert Marshak, eds., *Dialogic Organization Development* (Oakland, CA: Berrett- Koehler, 2015).

Prefacio

1. Kurt Lewin, "Problems of Research in Social Psychology", en *Field Theory in Social Science: Selected Theoretical Papers*, ed. D. Cartwright, (Nueva York: Harper & Row, 1951), 169.

Introducción: «¡Estás eliminando los obstáculos a la expresión del Misterio!»

1. Estas metodologías se describen en Adam Kahane, *Transformative Scenario Planning: Working Together to Change the Future* (Oakland, CA: Berrett-Koehler, 2012); David Cooperrider y Diana Whitney, *Appreciative Inquiry: A Positive Revolution in Change* (Oakland, CA: Berrett-Koehler, 2005); Adrienne Maree Brown, *Emergent Strategy: Shaping Change, Changing Worlds* (Chico, CA: AK Press, 2017); Marvin Weisbord y Sandra Janoff, *Future Search: An Action Guide to Finding Common Ground in Organizations and Communities* (Oakland, CA: Berrett-Koehler, 2010); Harrison Owen, *Open Space Technology: A User's Guide*, 3ª edición (Oakland, CA: Berrett-Koehler, 2008); Zaid Hassan, *The Social Labs Revolution: A New Approach to Solving Our Most Complex Challenges* (Oakland,

CA: Berrett-Koehler, 2014); y Otto Scharmer, *Theory U: Leading from the Future as It Emerges* (Oakland, CA: Berrett-Koehler, 2009).

2. Véase, por ejemplo, Marianne Mille Bojer, Heiko Roehl, Marianne Knuth y Colleen Magner, *Mapping Dialogue: Essential Tools for Social Change* (Chagrin Falls, OH: Taos Institute, 2008); John Heron, *The Complete Facilitator's Handbook* (Seattle: Kogan Page, 1999); Peggy Holman, Tom Devane y Steven Cady, eds: *Group Methods for Shaping the Future* (Oakland, CA: Berrett-Koehler, 2007); Sam Kaner, *Facilitator's Guide to Participatory Decision-Making* (San Francisco: Jossey-Bass, 2014); Henri Lipmanowicz y Keith McCandless, *The Surprising Power of Liberating Structures* (Seattle: Liberating Structures Press, 2014); Roger Schwarz, *The Skilled Facilitator: A Comprehensive Resource for Consultants, Facilitators, Coaches, and Trainers* (San Francisco: Jossey-Bass, 2016); y Brian Stanfield, *The Workshop Book: From Individual Creativity to Group Action* (Gabriola Island, British Columbia: New Society, 2002).

Capítulo 3: La facilitación transformadora no convencional se abre paso a través de las restricciones

1. Este modelo para entender y trabajar con las polaridades se basa en el cuerpo de teoría y práctica de Barry Johnson, resumido en sus libros *Polarity Management: Identifying and Managing Unsolvable Problems (Amherst, MA: Human Resource Development Press, 2014) y And: Making a Difference by Leveraging Polarity, Paradox or Dilemma (Amherst, MA: Human Resource Development Press, 2020).*

2. Gilmore Crosby, *Planned Change: Why Kurt Lewin's Social Science Is Still Best Practice for Business Results, Change Management, and Human Progress* (Nueva York: Productivity Press, 2020), 8-9. Crosby cita a Kurt Lewin, *Group Decision and Social Change* (Nueva York: Henry Holt, 1948), 280.

Capítulo 5: El facilitador sabe cuál es el próximo movimiento cuando presta atención

1. Cita del sitio web www.theinnergame.com. Véase también Timothy Gallwey, *The Inner Game of Tennis: The Classic Guide to the Mental Side of Peak Performance* (Nueva York: Random House, 1997).

2. John Geirland, "Go with the Flow", *Wired*, número 4.09 (septiembre de 1996), https://www.wired.com/1996/09/czik/.

3. Otto Scharmer, *Theory U: Leading from the Future as It Emerges* (Oakland, CA: Berrett-Koehler, 2009).

4. Adin Steinsaltz, *Koren Talmud Bavli* (Jerusalén: Koren Publishers, 2012). Citado en https://steinsaltz.org/daf/shabbat31/.

Capítulo 6: ¿Cómo vemos nuestra situación?

1. Véase Adam Kahane, *Transformative Scenario Planning: Working Together to Change the Future* (Oakland, CA: Berrett-Koehler, 2012), 1-13.

2. Shunryu Suzuki, *Zen Mind, Beginner's Mind* (Boston: Shambhala, 2011), 1.

3. Edgar Schein, *Humble Consulting: How to Provide Real Help Faster* (Oakland, CA: Berrett-Koehler, 2016), xi.

4. Schein, *Humble Consulting*, xiv, 171.

5. Peter Senge, *The Fifth Discipline: The Art and Practice of the Learning Organization* (Nueva York: Doubleday, 2006), 183.

6. Véase Bryan Smith, "Building Shared Vision: How to Begin" y Louis van der Merwe, "Bringing Diverse People to Common Purpose", en Peter Senge, ed., *The Fifth Discipline Fieldbook: Strategies and Tools for Building a Learning Organization* (Nueva York: Currency, 1994), 312, 424.

7. Kees van der Heijden, *Scenarios: The Art of Strategic Conversation* (Chichester, Reino Unido: Wiley, 1996).

8. Adaptado de Otto Scharmer, *Theory U: Leading from the Future as It Emerges* (Oakland: Berrett-Koehler, 2009).

9. Véase Per Kristiansen y Robert Rasmussen, *Building a Better Business Using the Lego Serious Play Method* (Chichester, Reino Unido: Wiley, 2014).

10. Carl Rogers, "A Theory of Therapy, Personality, and Interpersonal Relationships, as Developed in the Client-Centered Framework", en *Psychology: A Study of a Science*, vol. 3, ed. Sigmund Koch (Nueva York, NY: McGraw-Hill, 1959), 209.

Capítulo 7: ¿Cómo definimos el éxito? Concluir y avanzar

1. Véase Susan Sweitzer, "Sustainable Food Lab Learning History Chapter 2", https://www.scribd.com/document/26436901/SFL-LH-Capítulo 2-Público, 12, y el sitio web del proyecto: sustainablefoodlab.org.

2. Véase Adam Kahane, *Transformative Scenario Planning: Working Together to Change the Future* (Oakland: Berrett-Koehler, 2012), 79-90.

3. "Siempre en búsqueda de la paz", 7 de octubre de 2016, es.presidencia.gov.co.

4. John Gottman y Nan Silver, *The Seven Princi ples for Making Marriage Work: A Practical Guide from the Country's Foremost Relationship Expert* (Nueva York: Harmony, 2015), 129-130.

5. Organización de Estados Americanos, *Scenarios for the Drug Problem in the Americas 2013-2025* (Washington, DC: Autor, 2013).

6. José Miguel Insulza, "The OAS Drug Report: 16 Months of Debates and Consensus" (Washington, DC: Organización de Estados Americanos, 2014).

7. John Keats, *The Complete Poetical Works and Letters of John Keats* (Boston: Houghton, Mifflin, 1899), 277.

Capítulo 8: ¿Cómo vamos de aquí a allá?

1. Mike Berardino, "Mike Tyson Explains One of His Most Famous Quotes", *South Florida Sun Sentinel*, 9 de noviembre de 2012. https://www.sun-sentinel.com/deportes/fl-xpm-2012-11-09-sfl-mike-tyson-explains-one-of-his-most-famous-quotes-20121109-story.html.

2. Antonio Machado, "Caminante, no hay camino, se hace camino al andar", en "Proverbios y cantares XXIX", *Campos de Castilla* (Madrid: Editorial Poesía eres tú, 2006), 131.

3. Adam Kahane, "What *Avengers: Infinity War* Can Teach Us about Business", *strategy+business*, 98, 10 de diciembre de 2019 / primavera de 2020. https://www.strategy-business.com/blog/What-Avengers-Infinity-War-can-teach-us-about-business?gko=d0b4b.

4. Dwight Eisenhower, *The Papers of Dwight David Eisenhower*, ed. Louis Galambos (Baltimore: Johns Hopkins University Press, 1984), 1516.

5. *El misterio de Picasso,* escrita y dirigida por Henri-Georges Clouzot, película (1956; París: Filmsonor).

6. Glennifer Gillespie, "The Footprints of Mont Fleur: The Mont Fleur Scenario Project, South Africa, 1991-1992", en *Learning Histories: Democratic Dialogue Regional Project*, ed. Katrin Käufer (Nueva York: Oficina Regional para América Latina y el Caribe del Programa de las Naciones Unidas para el Desarrollo, 2004). http://reospartners.com/wp-content/uploads/old/Mont%20Fleur%20Learning%20History.pdf?

7. El texto pionero que me recomendó fue Michael Doyle y David Straus, *How to Make Meetings Work!* (Nueva York: Berkeley, 1993). Véase también David Chrislip, *The Collaborative Leadership Fieldbook* (San Francisco: Jossey-Bass, 2002).

8. Henry Mintzberg, "Crafting Strategy", *Harvard Business Review*, julio de 1987. https://hbr.org/1987/07/crafting-strategy.

Capítulo 9: ¿Cómo decidimos quién hace qué?

1. William J. O'Brien, *Character at Work: Building Prosperity through the Practice of Virtue* (Boston: Paulist Press, 2008), viii.

Capítulo 10: ¿Cómo entendemos nuestro papel?

1. Melanie MacKinnon y otros, *Wahbung: Our Tomorrows Imagined* (Winnipeg: Assembly of Manitoba Chiefs, 2019), https://manitobachiefs.com/wp-content/uploads/Wahbung-Web-1-copy.Nov5_.pdf.

2. Véase Melanie MacKinnon y Adam Kahane, "Braiding Indigenous and Settler Methodologies: Learnings from a First Nations Health Transformation Project in Manitoba", blog de Reos, 13 de diciembre de 2019. https://reospartners.com/braiding-indigenousand-settler-methodologies-learnings-from-a-first-nations-health-transformation-project-in-manitoba/.

3. Audre Lorde, "The Master's Tools Will Never Dismantle the Master's House", en *Sister Outsider: Essays and Speeches* (Berkeley, CA: Crossing Press, 2007), 110-114.

4. Ronald Heifetz y Marty Linsky, "A Survival Guide for Leaders," *Harvard Business Review*, junio de 2002. https://hbr.org/2002/06/a- survival-guide- for-leaders

5. *Harvard Business Review*, junio de 2002. https://hbr.org/2002/06/a-guía-de-supervivencia-para-líderes

Robert Johnson, *Owning Your Own Shadow: Understanding the Dark Side of the Psyche* (Nueva York: Harper One, 1993), 89.

Conclusión: Eliminar los obstáculos al amor, al poder y a la justicia

1. Véase Adam Kahane, *Power and Love: A Theory and Practice of Social Change* (Oakland, CA: Berrett-Koehler, 2009).

2. Véase Adam Kahane, *Solving Tough Problems: An Open Way of Talking, Listening, and Creating New Realities* (Oakland, CA: Berrett-Koehler, 2004), 113-122.

3. Elena Díez Pinto, "Building Bridges of Trust: Visión Guatemala, 1998-2000", en *Learning Histories: Democratic Dialogue Regional Project*, ed. Katrin Käufer (Nueva York: United Nations Development Programme Regional Bureau for Latin America and the Caribbean, 2004).

4. Paul Tillich, *Love, Power, and Justice: Ontological Analyses and Ethical Applications* (Nueva York: Oxford University Press, 1954), 25.

5. Tillich, *Love, Power, and Justice*, 36.

6. Martin Luther King Jr., "Where Do We Go from Here?" en *The Essential Martin Luther King, Jr.*, ed. Clayborne Carson (Boston: Beacon Press, 2013), 220–221. Carson es el director fundador del Martin Luther King Jr. Research and Education Institute de la Stanford University.

7. Tillich, *Love, Power, and Justice*, 56, 71.

8. LeAnne Grillo, "Power, Love, and Justice: An Interview of Rebecca Freeth", blog de Reos, https://reospartners.com/power-love-and-justice-an-interview-with-rebecca-freeth/2012.

9. King, "¿Where Do We Go?" 221. Otras versiones publicadas de este discurso recogen esta frase como "La justicia en su máxima expresión es el amor que corrige todo lo que se opone al amor", lo que creo que tiene menos sentido.

10. Martin Luther King Jr., "Out of the Long Night", en *The Gospel Messenger* (Elgin, IL: Church of the Brethren, 1958), 3.

AGRADECIMIENTOS

Estoy enormemente agradecido por el apoyo y la amabilidad de muchos colegas, amigos y familiares, sin los cuales no habría podido escribir este libro.

La facilitación es un deporte de equipo, y este libro destila lo que he aprendido al formar parte de muchos equipos maravillosos de facilitación, entre ellos con Negusu Aklilu, Marcia Anderson, Antonio Aranibar, Steve Atkinson, Brenna Atnikov, Jeff Barnum, Veronica Baz, Adam Blackwell, Dinesh Budhram, Mille Bøjer, Stina Brown, Manuel José Carvajal, Sumit Champrasit, David Chrislip, Charles Clermont, Moriah Davis, Elena Díez Pinto, Jean Paul Faubert, Betty Sue Flowers, Rebecca Freeth, Rossana Fuentes, Leigh Gassner, Mesfin Getachew, Melanie Goodchild, LeAnne Grillo, Hal Hamilton, Avner Haramati, Zaid Hassan, Joseph Jaworski, Tejaswinee Jhunjhunwala, Dorothy Kahane, Mike Kang, Goft Kanyaporn, Maianne Knuth, Pieter le Roux, Anaí Linares, Aeumporn Loipradit, Melanie MacKinnon, Julio Madrazo, Arun Maira, Vincent Maphai, Gerardo Marquez, Luis René Martínez, Joe McCarron, Grady McGonagill, Jacquie McLemore, Amanda Meawasige, Joaquin Moreno, Lerato Mpofu, Gustavo Mutis, Choice Ndoro, Bill O'Brien, Wendy Palmer, Dean Parisian, Reola Phelps, Elizabeth Pinnington, Monica Pohlmann, Ian Prinsloo, Manuela Restrepo, Otto Scharmer, Christel Scholten, Paul Simons, Wondwossen Sintayehu, Fah Snidwongse, Darlene Spence, Jorge Talavera, Kees van der Heijden, Louis van der Merwe y David Winter.

He podido realizar este trabajo tan exigente porque formo parte del sólido equipo de Reos Partners, que incluye a Steve Atkinson, Brenna Atnikov, Mille Bøjer, Jennifer Falb, Jessica Fan, Rebecca Freeth, LeAnne Grillo, Tejaswinee Jhunjhunwala, Mike Kang, Colleen Korniak, Colleen Magner, Gerardo Márquez, Jacquie McLemore, Josephine Pallandt, Monica Pohlmann, Ian Prinsloo, Manuela Restrepo, Christel Scholten, Mariaan Smith, Mahmood Sonday y David Winter. Agradezco especialmente el firme apoyo de mi antiguo socio Joe McCarron.

He recibido generosos comentarios sobre borradores de este libro de Andrew Akpan, Marcia Anderson, Sean Andrew, David Archer, Clara Arenas, Robin Athey, John Atkinson, Brenna Atnikov, Rich Ann Baetz, Phoebe Barnard, Dorian Baroni, Jany Barraut, Nik Beeson, Blanka Bellak, Stefan Bergheim, Marcia Bevilaqua, Peter Block, Mille Bøjer, Simon Bold, Stacy Boss, Jean-Paul Bourque, Freya Bradford, Sarah Brooks, Santiago Campos, Miguel Canas, Stephen Carman, Manuel José Carvajal, Bernadette Castilho, Mandy Cavanaugh, Ankit Chhabra, Aman Chitkara, David Chrislip, Elizabeth Clement, Charles Clermont, Laure Cohen, Val Porter Cook, Mithymna Corke, Chris Corrigan, Josefina Coutiño, Allia DeAngelis, Nele De Peuter, Ciska De Pillecyn, Keita Demming, Umesh Dhand, Rebecca Downie, Scott Drimie, Amy Emmert, Emile Enongene, Josh Epperson, Thomas Everill, Russell Fisher, Betty Sue Flowers, Gwynne Foster, Gerarda Frederick, Mike Freedman, Arti Freeman, Rebecca Freeth, Hermann Funk, Mesfin Getachew, Jim Gimian, Cathy Glover, Ernest Godin, George Goens, Pierre Goirand, Carol Gorelick, Paul Hackenmueller, Saleena Ham, Calvin Haney, Toby Harper-Merrett, Lynn Harris, Chip Hauss, Geoff Hazell, Meghan Hellstern, Kira Higgs, Daniel Hirschler, Ard Hordijk, Vincent Hudson, Constantine Iliopoulos, Jake Jacobs, Cedric Jamet, Rachel Jones, Rose Kattackal, Ruhiye Keskin, Art Kleiner, Christian Koehler, Susan Kolodin,

Ruth Krivoy, Pascal Kruijsifix, Sylvie Kwayeb, Elizabeth Lancaster, Richard Lent, Tom Lent, Cedric Levitre, Stephanie Levy, Kathy Lewis, Lisa Lim-Cole, Victor Loh, Bill Mcallister Lovatt, Jon Lukin, Melanie MacKinnon, Pedro Magalh, Maria Grazia Magazzino, Gerardo Marquez, Nadine McCormick, Joseph McIntyre, Hyun- Duck McKay, Claire McKendrick, Pauline Melnyk, Parand Meysami, Kath Milne, Maria Montejo, Jerry Nagel, Jo Nelson, Maria Ana Neves, Tara Polzer Ngwato, Sibout Nooteboom, Riichiro Oda, Seamus O'Gorman, Johannus Olsthoorn, Caroline Pakel, Josephine Pallandt, Mikael Paltschik, Manuela Petersen, Roger Peterson, Steve Piersanti, Monica Pohlmann, Monica Porteanu, Ian Prinsloo, Antares Reisky, Caroline Rennie, Manuela Restrepo, Marc Rettig, Sean Roark, Alison Roper, Michael Rozyne, Catherine Sands, Jorge Sanint, Iina Santamäki, Stefano Savi, Ed Schein, Peter Schein, Silva Sedrakian, Henry Senko, Mark Silberg, Candace Sinclair, Arjun Singh, Navjeet Singh, Liz Skelton, Gustav Sørensen, Antonio Starnino, Ilka Stein, Ramona-Denisa Steiper, Bob Stilger, Daniel Stillman, Di Strachan, Nicol Suhr, Doug Sundheim, Andrea Swanson, Jill Swenson, Anouk Talen, Svenja Tams, Terrence Taylor, Chris Thompson, Greg Thorson, Marco Valente, Louis van der Merwe, Pascal Wattiaux, Doug Weinfield, Ian Wight, David Winter, Teresa Woodland y Joel Yanowitz.

He podido escribir y publicar este y mis anteriores libros gracias a mi colaboración con el excelente equipo de Berrett-Koehler, que incluye a Susan Geraghty, Daniel Tesser, Michele D. Jones, Cathy Mallon, Carolyn Thibault, María Jesús Aguilo, Shabnam Banerjee-McFarland, Valerie Caldwell, Leslie Crandell, Michael Crowley, Sohayla Farman, Kristen Frantz, Catherine Lengronne, Zoe Mackey, Katie Sheehan y Jeevan Sivasubramaniam. Valoro especialmente el brillante apoyo de mi extraordinario editor, Steve Piersanti.

Por último, me anima el amor de mi familia, incluidos Allan, Olivia, Alexander y James Boesak; Lieneke y Shane Dennis; Bernard, David, Jed y Naomi Kahane; Caelin, Daniel y Joshua Thyssen; Belen, Jean Paul, Siobhan y Ciaran Wilkinson; Pulane, Apollo, Zion, Marley y Sinai Zake; y especialmente Dorothy, que lo ha hecho posible.

SOBRE EL AUTOR

Adam Kahane lleva más de treinta años facilitando avances.

Adam es director de Reos Partners, una empresa social internacional que ayuda a las personas a trabajar juntas para resolver sus problemas más importantes y difíciles.

Adam ha facilitado equipos de liderazgo de empresas, gobiernos, fundaciones, iglesias, instituciones educativas, partidos políticos y organizaciones sin ánimo de lucro. También ha facilitado a diversos equipos de líderes de sistemas sociales más amplios a nivel local, estatal, nacional y mundial, incluidos ejecutivos y políticos, generales y guerrilleros, funcionarios y sindicalistas, artistas y activistas. Ha facilitado una gran variedad de procesos de colaboración, algunos durante horas o días y otros durante meses o años.

Ha realizado este trabajo en más de cincuenta países, en todo el mundo.

Adam ha ayudado a grupos a trabajar juntos en todo tipo de retos, externos e internos, a los que se enfrentan sus organizaciones. También ha ayudado a grupos interinstitucionales a trabajar juntos en muchos de los retos más importantes de nuestro tiempo: el cambio climático, la equidad racial, la gobernanza democrática, los derechos de los indígenas, la salud, la alimentación, la energía, el agua, la educación, la justicia y la seguridad. Ha ayudado a las personas a superar las divisiones en Estados Unidos, Canadá, Colombia, Haití, Irlanda del Norte, Israel, Zimbabue, Etiopía, Myanmar y Tailandia, entre otros lugares.

Antes de cofundar Reos Partners, Adam fue jefe de escenarios globales sociales, políticos, económicos, medioambientales y tecnológicos en Shell en Londres. Ha ocupado puestos de investigación en universidades e institutos de Norteamérica, Europa, Japón y Sudáfrica, incluso como miembro asociado de la Saïd School of Business de la Universidad de Oxford.

Adam es autor de cuatro libros de gran éxito: *Solving Tough Problems: An Open Way of Talking, Listening, and Creating New Realities* (que Nelson Mandela calificó como «un libro innovador que aborda el reto central de nuestro tiempo: encontrar una forma de trabajar juntos para resolver los problemas que hemos creado»); *Power and Love: A Theory and Practice of Social Change*; *Transformative Scenario Planning: Working Together to Change the Future*; y *Collaborating with the Enemy: How to Work with People You Don't Agree with or Like or Trust*.

Adam es licenciado en física por la Universidad McGill; tiene un máster en energía y recursos por la Universidad de California, Berkeley; y un máster en ciencias del comportamiento aplicadas por la Universidad Bastyr.

Adam y su esposa, Dorothy, tienen cuatro hijos y diez nietos. Viven en Montreal y Ciudad del Cabo.

www.adamkahane.com

ACERCA DE REOS PARTNERS

¿CÓMO PODEMOS TRABAJAR JUNTOS PARA RESOLVER LOS PROBLEMAS QUE HEMOS CREADO?

Reos Partners es una empresa social internacional que sabe cómo hacer progresos reales.

Llevamos más de veinte años diseñando y facilitando proyectos de cambio sistémico y hemos creado un riguroso conjunto de métodos transformadores para abordar retos complejos y atascos.

Utilizando un enfoque pragmático y creativo, nos asociamos con gobiernos, empresas y organizaciones de la sociedad civil en los temas más cruciales de la humanidad: educación, salud, alimentación, energía, medio ambiente, desarrollo, justicia, seguridad y paz. Una y otra vez, hacemos posible que personas atascadas en la complejidad, la confusión y el conflicto trabajen juntas para construir nuevas realidades y un futuro mejor.

LOS AYUDAMOS A DESAFIAR EL *STATU QUO* JUNTOS

El punto de partida para el progreso es una coalición diversa que esté dispuesta a desafiar el statu quo. Cada proyecto de Reos Partners reúne a participantes de todo el sistema: políticos, activistas, ejecutivos, generales, guerrilleros, sindicalistas, activistas, artistas, investigadores, clérigos, líderes comunitarios y otros. La diversidad puede parecer el problema, pero está en el centro de la solución de los problemas. Trabajando como guías, conseguimos que personas con diferentes perspectivas e intereses colaboren en preocupaciones compartidas.

MÉTODOS PROBADOS PARA EL CAMBIO SISTÉMICO

Los proyectos de Reos Partners se desarrollan a tres escalas: eventos de unos pocos días, procesos de varios meses y plataformas que funcionan durante años. Un solo evento puede generar nuevas ideas, relaciones y capacidades; una plataforma a largo plazo puede permitir nuevos experimentos, iniciativas y movimientos y, en última instancia, una transformación sistémica.

Adoptamos un enfoque personalizado para cada situación, pero a menudo empleamos una combinación de dos enfoques probados: procesos de escenarios transformadores y laboratorios sociales. También ofrecemos formación y coaching para desarrollar las capacidades y habilidades que permiten un cambio de sistemas duradero.

AVANCES REALES EN DESAFÍOS VITALES, EN TODO EL MUNDO

Hemos aprendido que no hay soluciones rápidas: el cambio sistémico requiere tiempo, energía, recursos y habilidades. Pero una vez que se han puesto en marcha, nuestros proyectos más exitosos adquieren vida propia, y generan redes, alianzas y ecologías resistentes.

TRABAJEMOS JUNTOS

Operamos tanto a nivel mundial como local, con oficinas en Cambridge (Massachusetts), Ginebra, Johannesburgo, Londres, Melbourne, Montreal y São Paulo.

www.reospartners.com

GUÍA DE DEBATE

LA TEORÍA DE LA FACILITACIÓN TRANSFORMADORA

La facilitación transformadora es un enfoque poderoso para ayudar a un grupo de personas a colaborar para transformar su situación. Las siguientes preguntas de debate pueden ayudarlo a evaluar el valor de este enfoque en su situación:

- ¿Cuál es la situación a la que se enfrenta? ¿Ve esta situación como problemática (quiere que cambie) y, si es así, en qué sentido? ¿Quién más ve esta situación como problemática y en qué aspectos?
- ¿Cómo quiere afrontar esta situación? ¿Forzando que sea como usted quiere? ¿Adaptándote a ella tal y como es? ¿Saliendo de la situación? ¿Colaborando con otros para cambiarla? ¿Cómo quieren afrontar la situación otras personas que la consideran problemática?
- Si usted quiere colaborar para cambiar su situación, ¿con quién necesita colaborar para poder efectuar el cambio? ¿Cómo podría incorporar a estas personas en una colaboración?
- ¿Quién quiere que actúe como facilitador para ayudar a este grupo de colaboradores a avanzar juntos? ¿Usted mismo? ¿Otro miembro del grupo? ¿Alguien de fuera del grupo? ¿Varios de ustedes juntos?

- ¿Qué enfoque de facilitación están acostumbrados a utilizar usted y el grupo? ¿Es vertical (centrado en el bien del conjunto singular del grupo), horizontal (centrado en el bien de cada participante del grupo) o transformador (centrado en el bien del sistema de partes y en el todo)? ¿Cuáles son los aspectos positivos y negativos de su enfoque?

- ¿Cómo trabaja o podría trabajar su grupo con las siguientes preguntas básicas de colaboración? ¿Cómo vemos nuestra situación? ¿Cómo definimos el éxito? ¿Cómo llegaremos de aquí a allá? ¿Cómo decidimos quién hace qué? ¿Cómo entendemos nuestro papel?

- ¿Cuál es su mayor esperanza para su colaboración? ¿Cuál es su peor temor?

LA PRÁCTICA DE LA FACILITACIÓN TRANSFORMADORA

El núcleo de la práctica de la facilitación transformadora consiste en realizar cinco pares de movimientos para ayudar a un grupo a avanzar juntos:

1. Defender y cuestionar
2. Concluir y avanzar
3. Mapear y descubrir
4. Dirigir y acompañar
5. Estar fuera y estar dentro

Para ello, el facilitador debe aprender a utilizar todos estos movimientos con fluidez y sin elegir o favorecer solamente el movimiento vertical u horizontal de cada pareja. Las siguientes preguntas de debate pueden ayudarlo a aumentar su fluidez con cada uno de estos movimientos:

- ¿Qué señales le indican que debe dar este paso?
- Basándose en su propia experiencia de trabajo con otras personas (en el trabajo, en casa, en la comunidad), ¿cuál es la contribución positiva o la ventaja de dar este paso?
- ¿Cuál es el peligro o la desventaja de dar este paso?
- ¿Cuáles son los ejemplos de formas en que usted podría hacer este movimiento? ¿En qué escenarios podría practicarlo?
- ¿Cuál de los elementos d cada par tiende a utilizar más a menudo? ¿Cuál tiende a utilizar cuando está estresado? ¿Qué le impide utilizar más el otro?

Un facilitador se mueve con fluidez entre estos diez movimientos exteriores prestando atención y, en particular, realizando cinco cambios interiores:

1. Abrir
2. Discernir
3. Adaptar
4. Servir
5. Asociarse

Las siguientes preguntas pueden ayudarlo a mejorar su fluidez con cada uno de estos cambios:

- ¿Qué señales le indican que necesita hacer este cambio?
- Basándose en su propia experiencia de trabajo con otros, ¿qué valor tiene hacer este cambio? ¿Qué espera que ocurra?
- ¿Cuál es el riesgo de hacer este cambio? ¿Qué teme que ocurra?
- ¿Cuáles son los ejemplos de formas en que podría usted hacer este cambio? ¿En qué escenarios podría practicar?